男の風格をつくる論語

The Analects to Style a Man's Character

Satoru Iyota

伊與田覺

致知出版社

まえがき

世界の代表的聖人と仰がれる孔子は、生涯筆舌に尽くせない苦難の道を辿られましたが、当時としては珍しく七十三歳の天寿を完《まっと》うして亡くなられました。そうしてなお紆《う》余《よ》曲折《きょくせつ》を経ながら二千五百年の今日まで人の心の中に生き続けて参りました。中でも直系の子孫が七十九代健在で、その遺教を奉体し、その祭祀を継承しているのも驚くべきことであります。

道縁は不思議なものでございまして、七歳から九十九歳に至るまで、米の飯や味噌汁と同じく日々『論語』に親しんで倦《う》むことはありませんでした。然るところ一昨年は心臓の不整脈発作の為、急遽入院してペースメーカーの挿入手術を二度繰り返して小康を得ることができました。只歩行が困難になりましたので、やむなく数回新幹線で車椅子の御厄介になり東京へ参りました。その都度これが最後かと思い遺言の積りで拙《つたな》い話を続けたのであります。そんな慚愧《ざんき》の念を持って年を越しましたところ、はからずも新年早々出版社から見えて、講録が出来たので是非上梓したいと申し出がありました。

そこで驚いて披見いたしますと、自分の雑駁《ざっぱく》な拙話とは思えない整頓されたものに纏められていました。本年私は不思議にも百歳になりますので、過ぎし百年の置き土産にと思うと共に、新しい百年への出発記念にさせて頂くべく上梓をお願い致した次第でありました。

至聖孔子は「五十にして天命を知る」(『論語』爲政篇)と自ら述懐しておられますが、それは落々と得られたのではなく、珍しく「朝《あした》に道(天命)を聞けば夕《ゆうべ》に死すとも可なり」(里仁《りじん》第四)とうめきながら大悟勘得したものであります。なお孔子の言として『論語』の末尾に「命を知らざれば以て君子たること無きなり」と人生の一大目標を明示されています。

徒に馬齢を重ねながら孔子の境涯に遠ざかりつつある自分に鞭打つよすがとなれば

と願うこの頃であります。何卒忌憚のない御高批と御鞭撻を賜りますよう切にお願い致す次第でございます。

茲《ここ》に於て、藤尾秀昭社長様や柳澤まり子副社長様の知己の御温情と小森俊司様の御労苦に対し深甚なる謝意を表します。

平成二十七年二月一日

有源舎に於て　百寿迂叟

伊與田　覺

男の風格をつくる論語＊目次

まえがき

第一講　孔子の人間的魅力をつくったもの

第二講　孔子の心を伝える者たち――顔淵と曾子

第三講　情理によって結ばれた師弟の絆

第四講 窮地に立ってわかる人間の真価

第五講　孔子の求めたものを求める

※引用文は『仮名論語』（論語普及会）に準拠しました。

装　幀——川上成夫
編集協力——柏木孝之

第一講

孔子の人間的魅力をつくったもの

❖肉体的生命がなくなっても生き続ける人

私は七つのときから『論語』に親しむご縁を得ました。それから九十二年、ほとんど手を離すことなしに『論語』を読んでまいりました。軍隊にも行き、病院にも十回ほど入りましたけれども、必ず『論語』を持っていって読んでいました。

『論語』の素読をしておりますと、同じように読んでいるように見えても、我々の人間的成長に従い、受け取り方はその都度違っています。ですから、何回繰り返しても飽きるということがないのです。

ご承知のように、『論語』は全二十篇から成り立っております。一日に一篇読むと一か月に『論語』を一回半読むことになります。一年間読み続けるとかなり読めますので、ぜひ皆さんにも毎日続けてお読みになることをお勧めいたしたいと思います。

さて、人間にもいろいろな種類がありまして、その中でもっとも完成された人間を「聖人」といいます。世界的に代表的な聖人といえば、釈迦、キリスト、そして孔子。

この三人を合わせて「三大聖人」と呼んだりします。これにソクラテスを加えて「四大聖人」ということもあるようです。

これら「聖人」と称せられる人たちは、みんな古い時代の方たちです。ご承知のように、西暦元年はキリストが生まれた年だといわれています。多少の誤差はあるようですけれども、いうまでもなく、キリスト生誕の西暦元年が現在の世界的な年代の基準になっています。

孔子はキリストよりも五百五十一年前に生まれ、紀元前四七九年に亡くなっています。釈迦は孔子よりもちょっと若いという説もあるし、孔子よりも年寄りだという説もあります。インドという土地は思想的には非常に深いものがありますけれど、歴史的には不明確なところもあって、釈迦の生没年ははっきりしておりません。ただ、生きた時代は孔子とそれほど大きく変わらないようです。

三大聖人とはこうした方たちですから、いずれも、もう二千年以上も前の人たちです。人間の中には自分の肉体的な生命がなくなった途端に世の中から消えていくような人もありますが、肉体的な死を迎えた後も長く人々の心の中に生きる人もいるということです。

❖『論語』が結んだ孔子の子孫とのご縁

今回は孔子を中心にお話しするわけですが、私は何も孔子からPRしてくれと頼まれたわけではなくて、勝手にやっているだけです。お叱りを受けるところがあるかもわかりませんけれども、私は私として、孔子の言葉は民族を超え、時代を超え、あるいは国境を越えて不変なものと感じています。ですから、この二千五百年前の教えが古いとは全然思わないのです。

それと同時に重要なのは、孔子には現代にまだ子孫が存在しているということです。孔子の子孫は二百万人いるとも三百万人いるともいわれます。これらの人たちは孔姓を名乗っているわけですが、それだけの数がいるというのは、今でも先祖を誇りに思っているという証しでしょう。それゆえ現代までその子孫がずっと残っているのです。

釈迦には一人の息子がいましたが、その国は滅びました。そして、釈迦は悟りを開いた後も自国あるいは家に帰らずに各地を放浪しましたから、子孫が現代に残っているという話は聞いておりません。キリストは、ご承知のように結婚もしていなかったようです。十字架に架けられて非業の最期を遂げられましたから、子孫はいません。

ところが孔子の子孫はずっと続いていて、現在、その直系は台湾におられます。この方は七十九代の孔垂長という方です。大成至聖先師奉祀官として台湾政府からも特別に扱われています。昨年（平成二十五年）は、私の関係している論語普及会が、この孔垂長さん御一家八人を大阪に迎えました。

かつて私自身も、孔垂長さんのおじいさんにあたる七十七代の孔徳成先生を日本に四回も迎えました。二回目のときは私の住む生駒山中にある家にお迎えしてお泊まり願いました。その後も二回もおいでいただいて、日本にある孔子に関する施設を案内して回ったりもいたしました。

中国浙江省の衢州《くしゅう》には、南宋時代に建てられた孔子をお祭りする立派な御廟があります。そのお守りをしておられたのは七十五代にあたる孔祥楷という方です。この方も日本にお招きして、大阪や京都など各地を案内して回ったことがあります。

ご承知のように、大陸では一時、文化大革命というものがあり、孔子の子孫を迫害して、孔子の教えを撲滅しようとする非常に強烈な思想統制が行われました。孔子さんをお祭りする孔子廟が山東省の曲阜《きょくふ》という場所にありますけれど、その孔子廟やそこにあるお墓、それから孔子の子孫が住まいにしていた孔府という建物が随分壊されました。しかし、文化大革命後にこれらは修復されて、やがて世界文化遺産になりました。今、曲阜という町は孔子さんのおかげで観光客がたくさんやってきて、非常に裕福になっています。死後二千数百年も経って、ゆかりある町を潤しているというわけですから、これはなかなか大変なことです。

『論語』に関係する人で現代にまで子孫が続いているのは孔子だけではありません。孔子の教えをもっとも素直に受け継いだ弟子の曾子《そうし》の子孫も存在しています。今は七十四代にあたる曾憲禕《そうけんい》という方が台湾におられます。数年前には孔子さんの子孫と共に、この曾子さんの子孫をも日本にお迎えしました。

曾子の場合、直系にあたる七十五代の曾慶淳という方が大陸で御廟のお守りをしています。曲阜の孔子廟は現在も傍系の七十五代にあたる孔祥林という方がお守りをしています。

中国というところは養子制度がありません。というのも、直系が祭らないとご先祖は喜ばないと考えるためです。しかも、男性が祭らなくてはいけないというのです。そのため、大陸には孔徳懋さんという孔徳成先生の実のお姉さんがおられますけれども、女性であるために、傍系ですが男性である孔祥林さんが廟のお守りをしているのです。

曲阜の孔子廟は立派な文化遺産になって祭典が盛んに行われておりますが、これは一種のショーのようなものです。というのは、直系は台湾におられるからです。大陸では傍系が代わってお祭りしているわけですけれど、それでは本当は先祖はあまり喜ばないというので、早く台湾におられる直系の方を大陸に迎えようと、あの手この手で誘っているようです。しかし、これは政治的な問題もあり、なかなか簡単にいくものではありません。そのため現在のような形になっているわけです。

孔子の教えを曾子が伝えますけれども、少し隔てて孟子という人が出ます。『孟子』をお読みになられた方もあろうと思いますが、孟子の直系も台湾におります。大陸では傍系の七十五代になる孟祥協という方が大陸の大きな孟子廟を守っています。

数年前、中国でオリンピックが行われる前の年に中国へ行きました。そこで孔徳成先生のお姉さんの孔徳懋さんを訪ねましたところ、「家に来てくれ」というので伺いました。対面をして握手をしながら孔徳懋さんは「私には三人のきょうだいがある」といわれました。「一人は台湾にいる弟の孔徳成、そして日本にいる兄の伊與田先生、それと私で三きょうだいだ」といって、とても親しく接してくれました。今でも本当の家族のような交わりをしています。

先年、家内と一緒にまいりましたときには、私よりも二つ年下である孔徳懋さんが家内のところへつかつかと歩いてきて、翡翠のネックレスを首にかけました。言葉はあまり通じないのですが、まるで妹の首にかけるような喜びの表情をしていたことを覚えています。

このように、孔子さんは二千五百余年前の人ですけれども、現代にその子孫があり、私はその子孫ときょうだいのような交わりをしているのです。これは『論語』の結ぶご縁によるものです。私は小さい時分から『論語』を学んできていたものですから、会った瞬間から、お互いの心がピーンと響き合ったのです。血縁はありませんが、道縁といいますか、そういうご縁が根強く働いているのだろうと思います。

❖十六歳の第三夫人に生まれた孔子

そういうご縁をもたらしてくれた孔子は、西暦前五五一年に曲阜郊外の昌平郷陬邑《すうゆう》という場所で生まれました。この昌平郷は、東京にある「昌平坂」の名前の由来となっています。ＪＲ御茶ノ水の駅を出て聖橋を渡り、ずっと上がっていく坂を「昌平坂」といいます。その坂の先には、孔子をお祭りする孔子廟である「湯島聖堂」があります。ここは孔子さんをお祭りするのみならず、日本でも有数の学者たちが集まる「斯文会《しぶんかい》」という団体があって、孔子の教えを研究し、これを敷衍する活動をしています。

さて、孔子は父親を叔梁紇《しゅくりょうこつ》と申します。この叔梁紇という人は魯の国の武人でした。

非常に力持ちだったそうで、それを伝える話が残っています。中国の町は塀に囲まれていて、入り口には門があります。あるとき、魯が戦争をして負け戦になり、曲阜の町へ逃げ帰ってきます。そのときに叔梁紇は、入り口の重たい門を持ち上げて、味方が全員逃げ帰ってくるまで支えていたというのです。その功績が認められたのか、叔梁紇は後に昌平郷の村長さんのような職につきました。

叔梁紇には初めの奥さんに九人の子どもが生まれました。ところが、それが揃って女の子でした。先にも申し上げたように、中国では男の子が先祖をお祭りしないと先祖は喜ばないといわれています。そこで「今度は男が生まれるだろう、今度こそは男の子だろう」と楽しみながら九人まで辛抱したのですが、生まれてきた子は女ばかりでした。よくそれだけ女の子を産ましたものだと感心します。

余談ですが、私の親しくしておりました医者は、跡継ぎの男の子を望んでおりましたが、四人続けて女の子が生まれました。五人目が生まれたとき、往診から帰ってきて女中さんに「どっちだ?」と聞きました。女中さんが「女の子です」というと、思わずビンタを張ったというのです。女中さんになんら責めがあるわけではないのですが、それだけ男の子を欲していたのでしょう。けれども、この人はまだ辛抱強く次の子をつくりました。その子がようやく男の子だったために、医者を継がせたという話です。

一方、叔梁紇のほうは、九人女の子が続いたところで諦めて、第二夫人を迎えました。その第二夫人にようやく男の子が生まれたのですが、生まれながらにして障害を持っていました。これでは家を継がすわけにはいかないだろうということで、第三夫人を迎えます。そのとき叔梁紇はもう六十を過ぎるぐらいの年になっていましたが、迎えた第三夫人はなんと十六歳の娘でした。そして、その第三夫人に生まれた子どもこそが、孔子であったわけです。

けれども、叔梁紇は孔子が二歳のとき（三歳という説もあります）に亡くなってしまいます。その後、第三夫人は幼い孔子を連れて家を出、曲阜の町に移り住み、一人で孔子を育てるのです。ですから、孔子は非常に複雑な家庭に生まれ、経済的にも決して恵まれて育ったとはいえないのです。

当時、孔子の生まれた魯という国には、男子は八歳になると小学に入り、十五歳になると大学に入るという教育制度がすでに完成していました。孔子は士族の生まれではありましたが、おそらく家庭的な事情から正式に学校に通えなかったのではないかと思われます。

しかし幸いにして、中央で活躍をしていた優れた学者がリタイアをして曲阜の町に戻ってきていました。その人が孔子の人柄を見て、「子どもながらに非常に優れている」と、その素質を見抜いたのでしょう。非常に孔子をかわいがって、学問を教えてくれました。もっとも、読み書きといった基礎的なところはお母さんが教えたようです。あの時代としては珍しく、お母さんにはちょっとした学問の素養があったのです。そういうものが重なって、孔子はだんだん成長していくのです。

❖実践によって確かめられた真実の言葉

ご承知のことと思いますが、『論語』は孔子の著書ではありません。孔子の孫弟子にあたるような人たちが自分の先生である孔子の直弟子であった人から話を聞き、その中からこれは本当らしいと思われるものを集めて語録にまとめたものです。だから『論語』は孔子の語録集といったところで、直接の著書ではないのです。

先に世界の三大聖人をあげましたが、これらの人はいずれも著書を持っていません。釈迦にはお経がありますけれども、それも弟子たちが釈迦から聞いた話を筆録したものです。キリスト教のバイブルも、キリストが直接つくったものではなく、その弟子たちがつくったものです。だから、三大聖人の誰も自ら本を書いてはいないのです。

けれども、それがゆえに、これらの人たちの教えが長く伝わってきたといえるのかもしれません。『論語』は孔子の弟子が師から聞いたことを実行して「これは間違いない。真実である」と確信したことのみを自分の弟子に話し、弟子がその内容をさらに吟味して、間違いのないものだけを選んで編纂したのです。おそらく、お経にしてもバイブルにしても、同じようにしてできあがったのでしょう。ここが重要な点であると思うのです。

というのも、書物に書いてあるからといって、そのすべてが必ずしも真実であるとは限らないからです。とくに本人が書いた本というのは、時々、読者の受けがいいように、あるいは売れるようにと、心にもないことを書く場合もあります。だから、たとえ大宣伝をして百万部売れたとしても、書かれている内容が真実でない場合もあるのです。むしろそういう本に限って、十年もしたら忘れ去られてしまうケースのほうが多いのです。ベストセラーで何百年も後まで残るものは、非常に少ないといっていいでしょう。

ところが、『論語』やお経やバイブルなどは、自分の師の言葉を弟子や孫弟子が実践して、「あっ、これは本当である。真実である」と確信したものをまとめて後に残したのです。したがって、実践を伴っている分だけ、真実が多く含まれていることになるのです。『論語』やお経やバイブルが長く読み継がれてきた理由はそういうところにあると私は思います。

❖貧しかったからこそなんでもできる

——吾少かりしとき賤し。故に鄙事に多能なりそこで早速、『論語』を読んでいきたいと思います。先に孔子は恵まれた家庭に生まれ育ったわけではないといいましたが、それを表すような言葉が『論語』子罕《しかん》第九に書かれています。

達巷黨《たっこうとう》の人曰《い》わく、大いなるかな孔子、博《ひろ》く學びて名を成す所無し。子之《これ》を聞き、門弟子《もんていし》に謂《い》いて曰《のたま》わく、吾《われ》何をか執《と》らん。御《ぎょ》を執らんか、射《しゃ》を執らんか。吾は御を執らん。

『論語』で「子」というのは孔子を指しています。これは次のような解釈ができると思います。

達巷という村のある人がいった。

「孔先生は偉大だなあ。博く学んで、なんでもよく揃ってできるので、かえって有名になるところがない」

先師はこれを聞かれて、弟子たちにたわむれていわれた。
「私はなんで有名になろうか。御にしようかな、射にしようかな。なんでもよいが、私はやっぱり一番たやすい御にしよう」

ここでは達巷という村の人が孔子について「先生はなんでもよくできるけれども、あまりにできすぎて、その特徴がわからない」といっているのです。昔は「六芸」というものがありました。この「芸」とは、芸術の「芸」ではなくて、世の中に立っていく上において大切なもので、礼、楽、射、御、書、数の六つの学問をいっています。

まず「礼」というのは「社会的規範」です。次の「楽」というのは「音楽」。役人になると祭典を執り行います。あるいは外国の使者をもてなすときには音楽をもってします。ですから役人は音楽も人並み以上に優れてできることが大事だったのです。「射」というのは「武芸」です。武芸を代表するものとして弓を射ることがあげられているわけです。「御」というのは馬車を操ることで、今でいえば「車の運転」といったところでしょう。「書」は読み書きです。そして「数」とはものの勘定が正確にできるということ。これは役人には絶対に必要な能力でしょう。

昔の中国では、この六芸が揃った人が役人として採用されていたわけです。そして孔子という人は、これが全部よくできたというのです。しかも、人からかけ離れてよくできたために、逆にあまり評判にならなかったといっています。矛盾しているように聞こえるかもしれませんが、たとえば学校などで「あまり頭がよくないけれども、運動だけはよくできる」という子はよく目立つでしょう。ところが、勉強も運動もすべて揃ってよくできるというと、意外と目立たないものです。孔子という人は、そういう人であったのでしょう。

そこで「吾何をか執らん。御を執らんか、射を執らんか。吾は御を執らん」。有名になろうと思ったら、取りあえず、御か射に優れているのが手っ取り早い。では、自分は御を執るか、射を執るか。両者を比べると御のほうが簡単で取っつきやすい。だから、孔子は「吾は御を執らん」といったのです。

次は同じく子罕第九にある言葉です。大宰という呉の国の大臣が孔子の高弟である子貢《しこう》に尋ねました。

大宰《たいさい》、子貢に問うて曰《い》わく、夫子《ふうし》は聖者か。何ぞ其《そ》れ多能《たのう》なるや。子貢曰わく、固《まこと》に天之《これ》を縦《ゆる》して将《まさ》に聖たらしめんとす。又多能なり。子之を聞きて曰《のたま》わく、大宰、我を知れるか。吾少《わか》かりしとき賤《いや》し。故に鄙事《ひじ》に多能なり。君子は多からんや。多からざるなり。


大宰が子貢に尋ねた。

「孔先生は聖人なのでしょうか。なんという多能な方でありましょうか」

子貢はそれに対して言った。

「もちろん、天が生まれながらに聖人となることを許しているのです。しかもその上に多能でもあられます」

先師はこれを聞かれていわれた。

「大宰は私をよく知っているものであろうか。私は若い頃、地位も低く貧しかったので、つまらないことがいろいろできるのだ。君子は多能であることが必要だろうか。いや、多能なことなどいらない」

孔子はなんでもできた人なのですが、聖人はなんでもできなければいけないという考え方については否定しています。「いやいや、大宰は私のことを本当に知っておるのかな。私は若いときには地位も低く、家も貧しく、生活するのも容易ではなかった。だから、収入になることはなんでもやった。そこで、なんでもある程度はできるようになっただけで、そういうふうになんでもできるということが君子の条件ではないよ」というわけです。

その後にも同じことが述べられています。

牢曰《い》わく、子云《のたま》う、吾試《もち》いられず、故《ゆえ》に藝《げい》ありと。

この「牢」というのが何者なのかははっきりしないのですが、どうもお弟子さんの一人ではないかと思われます。この牢という人もこう言っているというのです。

牢もこんなことをいった。

「かつて、先生がいわれた。『私は長いこと取り立てられなかったので、生活のためにいろいろの技術を身につけたのだ』と」

ここでも、孔子は自分がなんでもできるようになったのは、なかなか役につけずに貧乏をしていた期間が長かったためで、なんでもできることが立派な人物たる条件ではないのだということをいっています。「器用貧乏」という言葉がありますが、孔子は生活のためになんでもせざるを得なかったのです。そうしたら、やっているうちに熟練してきて、いろいろなことができるようになったのです。結果から見れば、そうした経験によっていつの間にか、世の中に立ってからも生活に必要な細々とした能力が身に備わっていたというわけです。

そういう生活のためにいろいろな仕事をして苦労しながら、孔子はだんだん成長していくのです。しかし、そうした経緯をたどったことは孔子にとって必ずしもマイナスではありませんでした。三十歳を過ぎた頃、孔子は学校を開いて人間を磨き高めるための教育を始めます。ただ、それだけではなく、弟子が世の中に立ってやっていくために必要な知識や技術をも教えることができたのです。人間教育と知識・技術の双方を一人で教えるのは、誰にでもできることではないはずです。しかし、苦労をして多様な経験を積んでいた孔子には、それができたのです。

❖自然と人を引き寄せる人間的魅力
――夫子は温良恭倹譲、以て之を得たり

もう少し孔子の人物像に迫ってみることにいたしましょう。

孔子が「最高の弟子」であると公言してはばからない顔淵という人がいます。字を顔淵といいますが、『論語』を学んでこの顔淵を知らない人はいないといっていいでしょう。顔淵は師である孔子を次のように評しています。

顔淵《がんえん》、喟然《きぜん》として歎《たん》じて曰《い》わく、之《これ》を仰《あお》げば彌《いよいよ》高く、之を鑽《き》れば彌堅《かた》し。之を瞻《み》るに前に在《あ》り、忽焉《こつえん》として後《しりえ》に在り。夫子、循循然《じゅんじゅんぜん》として善く人を誘《いざな》う。我を博《ひろ》むるに文を以《もっ》てし、我を約するに禮《れい》を以てす。罷《や》めんと欲すれども能わず。既に吾が才を竭《つ》くせり。立つ所有りて卓爾《たくじ》たるが如し。之に従《したが》わんと欲すと雖《いえど》も、由末《よしな》きのみ。

顔淵が「ああ」とため息をついていった。

「仰げば仰ぐ程高く、切れば切る程堅い。前にあるかと見ていると、たちまち後ろにある。ところが先生は、順序を立てて上手に人を導かれる。私の識見を博めるのに各種の書物や文物制度を以てせられ、私の行いをひきしめるのに礼を以てせられる。やめようかと思っても、やめることができない。自分の才能のあらん限りを尽くしてみても、先生は自分の立つ所があってそびえ立っているようだ。先生の後に従っていこうと思っても、どうも手だてがない」

孔子最高の弟子である顔淵が、孔子を評して「之に従わんと欲すと雖も、由末きのみ（先生の後に従っていこうと思っても、どうも手だてがない）」といっているのです。

孔子という人は、それほど抜群の才能をも備えておられたということです。

人間というものは、若い時分は外からいろいろと吸収していきます。そうして吸収したものが内側に充満してくると、それが自然と外に表れてきます。それが人間的魅力というものになります。

人間には皆同じように五体が備わっておりますけれども、それに加えて魅力というものがあります。「あの人にはなんともいえない魅力がある」と感じる何かがあって、その魅力に引きずられていくということがあるのです。

學而第一にある言葉を見てみましょう。これは孔子の弟子の子禽と子貢の会話です。子禽という人は孔子の直接の弟子といいながら、実は子貢に非常に師事した人であろうといわれています。子貢というのは、顔回と同じように孔子の非常に優れた弟子です。その子貢の弟子と思われる子禽が、子貢に尋ねます。

子禽《しきん》、子貢《しこう》に問うて曰《い》わく、夫子《ふうし》の是《こ》の邦《くに》に至るや、必ず其《そ》の政《まつりごと》を聞く、之《これ》を求

めたるか、抑〻《そもそも》之を與《あた》えたるか。子貢曰わく、夫子は溫良恭儉讓《おんりょうきょうけんじょう》、以て之を得たり。夫子の之を求むるは、其れ諸《こ》れ人の之を求むるに異なるか。

子禽が子貢に尋ねた。

「孔先生は、どこの国に行かれても、必ず政治について聞かれるが、これはご自分から求められたものか、それとも先方からもちかけられたものでしょうか」

子貢が答えた。

「孔先生はお人柄がおだやかで素直、うやうやしくして、行いにしまりがあり、それに謙虚で人に譲るところがあるので、おのずから先方から求められたのである。したがって先生が求められるのは、一般の人の求め方と大いに違うように思う」

孔子には温良恭倹譲《おんりょうきょうけんじょう》というような徳が備わっていた、と子貢はいっています。それに行いが重なることによって、孔子の人間的な魅力となっていたのでしょう。だから、孔子に接した人はおのずから孔子に近づき、そして、いろいろな話を聞きたいという思いに駆られたのです。こちらから無理やりに「教えよう」というのではなく、向こうから進んでやってきたわけです。

人間の魅力というものは説明がつきません。自分でつくろうとしてつくれるものではないからです。また、無理に人に押し付けるわけにもいきません。先ほどから申しますように、孔子という人は決して恵まれた家に生まれたわけではありません。したがって、生活のためになんでもやらざるを得ない面がありました。また孔子は、武を本体とする父親の子どもですから、学問的な雰囲気の中に育った人でもないのですが、教養ある母親とリタイアして故郷に帰ってきていた優れた老人について勉強をしているうちに、いつの間にか温良恭倹譲といった徳が備わり、それが内面に充満していったのでしょう。

そしてやがて、そうした徳が外ににじみ出てくるようになったのです。それが最初に表れる場所は顔です。次に発する言葉に表れて、しまいには動作に表れてくる。そうやって体全体からなんともいえない魅力がかもし出されてくるのです。

この魅力が一番よく出てくるのは背中です。顔に、言葉に、動作に表れてきて、最後の最後は背中、後ろ姿に表れます。体の前面は自分でも意識できる世界ですが、背面は意識の外にある場所です。女性でいえば、「化粧」という字が「化ける」という字を書いているところからもわかりますが、顔は化粧によって変えることができます。しっかり化粧をすると、若くも見えるし、感じもよろしい。けれども、背中は化粧するわけにいきません。だから後ろ姿のいい人、これが本物なのです。

お寺にお参りをすると、如来像というものと菩薩像というものが祭られています。同じ仏像と思うかもしれませんが、この二つはまったく違います。

如来像というのは「如より来る」といって、何も持たず、ただじっと座っているだけです。じっと座って何もしないのに、やってくる人に影響を及ぼしています。それを形に表したのが、如来像の後ろにある「光背」です。あれは後ろからも光を発しているのです。だから、一言ものをいわなくても、じっと座っているだけで周囲に影響を及ぼしていくことができる。これが本来の仏さんというものです。

これに対して、菩薩さんというのはテクニックを使っています。腕輪をしてみたり、指飾り、耳飾りをしてみたり、なんやかんやと飾り立てをしています。すると、見る人はそこに注目します。そして注目したところで仏の道を説く。これが菩薩というものです。菩薩像はこうしたテクニックを使っているのです。

しかし、本来の仏というのは、何もテクニックを使わなくても、座っているだけでちゃんと影響を及ぼすものです。お寺にお参りしたときには、この違いを見てください。ここを見れば、それだけで如来像か菩薩像かは一目瞭然です。

人間であっても、言葉や動作によって相手に影響を及ぼすのではなくて、その人がそこにいるだけで周囲がよく収まって、何もいわなくとも各人が自己反省しながら立派になっていくというような影響を及ぼす人がいます。また、一度会っただけで一生忘れないという人もいます。反対に、何回会っても顔も思い出さない人もいるでしょう。

人間的な魅力は、いくら自分で表そうと思っても相手に通じるものではありません。「教えてやるから来い」といって人を集めたとしても、来た人が魅力を感じなければ、おのずから去っていってしまいます。そういうものでありまして、孔子という人は人間的魅力に溢れた人であったといえると思います。その魅力によって、本人が求めなくても人が自然と集まってくるようになったのです。

❖孔子自らが語った生涯の歩み

孔子は、あまり自分を語らない人でした。『論語』の中でも、自分自身について話している場面はそう多くはありません。孔子の人となりを伝える一番の根拠になっているのは、司馬遷の『史記』という書物にある「孔子伝」です。『史記』は孔子が亡くなってから四百年ぐらい後にできています。

司馬遷は歴史家ですから史料はあれこれと集めたのでしょうが、必ずしもそれが正当であるとは限りません。たとえば今から四百年前といえば徳川時代の初めぐらいになりますが、司馬遷は現代人が江戸時代を類推するような形で「孔子伝」を書いたわけです。そう考えると、当たらずといえども遠からず的なところはあるとしても、すべてが正確とはとてもいえないでしょう。

ただし、『論語』の中にもいくつか、孔子自らが語った自叙伝的な内容が含まれています。その一つは爲政第二にある非常に有名な次の言葉です。

子曰《のたま》わく、吾十有五《われじゅうゆうご》にして學に志し、三十にして立ち、四十にして惑わず、五十にして天命を知り、六十にして耳順《したが》い、七十にして心の欲する所に従《したが》えども、矩《のり》を踰《こ》えず。

先師が言われた。

「私は、十五の年に聖賢の学に志し、三十になって一つの信念を以て世に立った。しかし世の中は意のままには動かず、迷いに迷ったが、四十になってものの道理がわかるにつれ迷わなくなった。五十になるに及び、自分が天のはたらきによって生まれ、また何者にも代えられない尊い使命を授けられていることを悟った。六十になって、人の言葉や天の声が素直に聞けるようになった。そうして七十を過ぎる頃から自分の思いのままに行動しても、決して道を踏み外すことがなくなった」

これは、孔子の精神的な向上の段階を示したものといわれています。七十を過ぎた晩年に、孔子が自らの人生を振り返って話した言葉だと思われます。

孔子は七十三歳で亡くなっていますから、私はいつの間にやら孔子さんより二十六も余計に年を取っていることになります。かといって孔子さんの到った精神的境地にはなかなか及ぶべくもないのですが、年だけは余計に取り、それだけ飯を余計に食べているわけですから、孔子さんが体験しなかったものを体験しているかもわかりません。

また、私の師であった安岡正篤《まさひろ》先生は八十六歳で亡くなっていますから、いつの間にやら先生よりも十三も年上になってしまいました。最近、先生の写真を見ると、「先生、若いなあ」と、見た瞬間に思います。やはり顔は年並みに変わるもので、顔に年が表れてくるようです。

中江藤樹という人は「近江《おうみ》聖人」といわれ、日本を代表する聖人ですが、四十一歳で亡くなっています。私の半分にも足らない年齢です。けれども、やはり「藤樹先生」と呼ばないと落ち着きません。そんなところからも藤樹先生が若くして非常に優れた心境に到達していたことがわかります。ですが、先生の倍以上を生きている私は、先生が体験しなかったことを余計に体験しているかもわかりません。

そういうわけですから、人間の年というものは、ゆめおろそかに取るものでもないということでしょう。

この孔子の精神的な向上を示した言葉については、また後で詳しく触れることとさせていただきます。

❖学ぶことにおいては誰にも負けない
——丘の学を好むに如かざるなり

さて、孔子は十九歳のときに結婚をします。そして、二十歳のときには長男が生まれています。地位は低いし貧しい生活でしたけれども、めげずに勉強をしました。それは孔子自身も認めるところであったのでしょう。公冶長《こうやちょう》第五に次のように書かれています。

子曰《のたま》わく、十室《じゅっしつ》の邑《ゆう》、必ず忠信《ちゅうしん》丘《きゅう》が如《ごと》き者有らん。丘の學を好むに如《し》かざるなり。

先師が言われた。

「十軒程の小さな村にも、必ず私ぐらいのまことの人はいるだろう。しかし、私の学を好むには及ばない」

孔子は自分を宣伝しない人ですけれども、ここでは「私ぐらい学を好む者はいない」と自負しています。それぐらい勉強をしていたのでしょう。日々の生活と闘いながら、常に自己研鑽を怠らなかったのです。

その勉強をする姿勢について、里仁《りじん》第四には次のように書いてあります。

子曰《のたま》わく、賢《けん》を見ては斉《ひと》しからんことを思い、不賢《ふけん》を見ては内に自ら省《かえり》みるなり。

先師が言われた。

「知徳兼備の優れた人を見たら、自分もそのようになりたいと思い、つまらない人を見たら、自分はどうかと内省する」


これを言い換えると、どんな人も自分の先生になるということです。「賢」とは、今では単に「賢い」という意味に取りますが、本来の「賢」は知と徳がよく整っていることをいいます。そういう優れた人を「賢人」というのです。

そのような人を見ると「自分もあのようになりたい」と意欲を高め、反対に愚か者を見ると「自分はああいうことをしていないか」と自分を省みる。だから、賢も不賢も共に自分の先生になるのです。

貧しい家に育った孔子には、特別の先生に高い月謝を払って勉強することはできませんでした。けれども、「賢も不賢も共に自分の先生だ」と考えて、めげることなく勉強をしていったのです。

司馬遼太郎さんが坂本龍馬を題材とする小説を新聞に連載して非常に人気が上昇していたときに、私が関係していた青年たちのために話をしに来てもらったことがあります。司馬さんも「青年のためなら」というので、謝礼は交通費ぐらいで気持ちよく来てくれました。初めてお目にかかったとき、司馬さんは「あなたは高知県の出身ですね」といわれました。話をしていたらすぐにわかったというのです。

その理由は私の発音にあったようです。日本でも五十音を正確に発音できるのは高知県の一部、私の生まれ育ったあたりだけです。ほとんどの人は「だぢづでど」を明確にいえず、「ざじずぜぞ」と混同しています。たとえば「富士山」と「藤の花」は発音が違います。今は「ふじさん」「ふじのはな」と同じように発音しますが、本来は「ふじさん」「ふぢのはな」です。要するに「だ行」が明確に発音できないのですが、高知県の一部地域では昔のままの発音がそのまま残っているのです。

だから、司馬さんは私が一言二言話した途端に「あなたは高知県の出身ですね」とわかったのです。坂本龍馬は高知の出身ですから、その小説を書くにあたって司馬さんは何遍も高知に取材に訪れたのでしょう。

司馬さんに言い当てられた私は、「わかりますか。僕は早くに故郷を出たもので、できるだけ故郷の言葉を使わんようにしておりますけれども、今日は非常に気持ちがよかったんで、本当のところが出たんでしょう」といいました。それから話が弾んで尽きないほどでした。

そのときに聞いた話では、司馬さんは坂本龍馬を書くのに、その時分の金で一千万円かけたそうです。「小説がよく売れて多少の印税をもらっても元金は返ってきません」と笑っていました。何遍も高知県に行って、方言から普通の人々の話まで謙虚に耳を傾けて資料を集めたのでしょう。ゆめおろそかにできたものではありません。そこまでやったから、あれだけの人気作家になったのです。どんな人からも学ぶという姿勢が司馬さんにもあったということでしょう。

ところで、ここにある「斉しからんことを思い」という語句が語源となったのが、「思斉《しせい》」という言葉です。大阪市に昔から思斉小学校という学校がありました。知的障害の子どもを収容して、一人前に仕上げようという目的でつくられた学校です。戦後、一般の学校の中に特別支援学級ができて虚弱児を集めるようになりましたが、思斉小学校は独立した学校であって、大阪市特有のものでした。

❖切磋琢磨を続けることで自らを光り輝かせる
――我は生れながらにして之を知る者に非ず

述而第七《じゅつじ》で、孔子は次のように語っています。

子曰《のたま》わく、我は生《うま》れながらにして之《これ》を知る者に非《あら》ず。古《いにしえ》を好み、敏《びん》にして之を求めたる者なり。

先師が言われた。

「私は、生まれながらに道を知る者ではない。古聖の教えを好み、進んで道を求めた者である」

孔子という人は、新しいことだけではなくて、古いこともよく知っていたのでしょう。わからないことを孔子のところへ聞きに行ったら、たちどころに回答してくれるというので、一般の人の中には「あの人は生まれながらにして特殊な頭脳を持っているんだ」と囁く人もいました。ところが孔子はそれを否定して、「自分は生まれながらにしてこれを知る者ではない。いにしえの聖人の教えを好み、自ら進んで努力をしてそれを学んでいったのだ」といっているのです。

學而第一にある次の言葉も似たことをいっています。

先にも出てきましたが、孔子の弟子の中で最高の部類に属する人に子貢という人がいました。孔子の講義が終わると一番先に質問を発するのが、この子貢でした。だから一般の人からすると、子貢というのはなかなかの者であるというので、非常に羨望されていました。ここでは、その子貢が孔子と問答をしています。

子貢《しこう》曰《い》わく、貧《まず》しくして諂《へつら》うこと無く、富《と》みて驕《おご》ること無きは何如《いかん》。子曰《のたま》わく、可《か》なり。未だ貧しくして道を樂しみ、富みて禮《れい》を好む者には若《し》かざるなり。子貢曰《い》わく、

詩《し》に云《い》う、切《せつ》するが如く磋《さ》するが如く、琢《たく》するが如く磨《ま》するが如しと。其《そ》れ斯《これ》を謂《い》うか。子曰《のたま》わく、賜《し》や、始めて與《とも》に詩を言うべきのみ。諸《これ》に往《おう》を告《つ》げて來《らい》を知る者なり。


子貢が尋ねた。

「貧しくしても、卑下《ひげ》してへつらうことがなく、富んでも、おごりたかぶることのない者は、立派な人物といえるでしょうか」

先師が答えられた。

「かなりの人だね。しかし、まだ貧しくても心豊かに人の道を履み行うことを楽しみ、富んでもごく自然に礼を好んで行うものには及ばないよ」

子貢が言った。

「なるほど人の修養には、上には上があるものですね。『詩経』に『切るごとく、磋《す》るごとく、琢《う》つごとく、磨くがごとく、たゆみなく道にはげまん』とありますが、こういうことをいうのでございましょうか」

先師が言われた。

「賜（子貢の名）よ、お前とはじめて詩を通じて人生を語ることができるようになったねえ。お前こそ一つのことを教えたら、すぐ次のことがわかる人物だね」

この『詩経』にある「切するが如く磋するが如く、琢するが如く磨するが如し」から「切磋琢磨」という言葉ができてきます。

『詩経』というのはご承知のことと思います。普通、孔子の教えを非常に手近に学ぶテキストとして『論語』『大学』『中庸』『孟子』という四つの書物があります。これらは「四書」といって、孔子の精神をくみ取る上において、もっとも手近な書物です。それからもう一つ、孔子の教えの原典になっている「五経」といわれる五つの書物があります。『易経』『書経』『詩経』『礼記』『春秋』の五つです。中国には今から二千五百年前に、すでに「四書五経」という優れた書物があったのです。

この「四書」の一つである『大学』の「伝三章」に『詩経』の中から次の言葉が引用されています。ここに「切磋琢磨」について書かれています。

「彼《か》の淇《き》の澳《いく》を瞻《み》れば、菉竹《りょくちく》猗猗《いい》たり。斐《ひ》たる君子有り、切するが如く磋《さ》するが如く、琢《たく》するが如く磨《ま》するが如し。瑟《しつ》たり僩《かん》たり、赫《かく》たり喧《けん》たり。斐たる君子有り、終《つい》に諠《わす》るべからずと」

この「切するが如く磋するが如く」というのは、要するに象牙《ぞうげ》や骨などをノコギリとか小刀で切って形を作り、ヤスリで磨くということです。また、それを砂で磨いて、さらに仕上げていくのを「切磋」といいます。次の「琢するが如く磨するが如し」というのは、石をちりばめて形にしたものを金剛砂《こんごうしゃ》のような砂で磨くことで、これが「琢磨」です。

「おこたりて　磨かざりせば光ある　玉も瓦にひとしからまし」

という昭憲皇太后のお歌があります。なまけて磨くことをしなければ、金剛石も瓦同然であるというのです。逆にいえば、切磋琢磨していけば人間は非常に成長し、内からにじみ出るものがあるということです。そうすると「斐たる君子」という非常に優れた立派な人物にもなっていく。そうした人柄を持った人は「ついに諠るべからず」とあるように、一遍会えば生涯忘れられないのです。

皆さんも、一目見ただけで話もしないけれども、決して忘れられないような人に接した経験があるかもしれません。また、これからそういう経験をすることがあるだろうと思います。先にもいいましたが、何回会ってもさっぱり覚えない人がいる一方で、一目見ただけで生涯忘れられないような魅力を湛えた人もいる。そうした魅力とは、平生の切磋琢磨の積み重ねからおのずと備わってくるものなのです。

話を『論語』に戻しますと、子貢から見ると「貧しくして諂うこと無く、富みて驕ること無き（貧しくしても、卑下してへつらうことがなく、富んでも、おごりたかぶることのない）」人というのは非常に優れた人だと思っていたところが、孔子はそれはまあまあの人物であるというわけです。そして「貧しくして道を楽しみ、富みて禮を好む者には若かざるなり（貧しくても心豊かに人の道を履み行うことを楽しみ、富んでもごく自然に礼を好んで行うものには及ばない）」というのです。

人間は、大金を手にしたり、地位が高くなると、すぐに驕り高ぶって礼に外れたことも平気でやるようになります。そうではなくて、金持ちになり地位が高くなればなるほど謙虚になり、社会的規範を大切にするような人こそ、本当に立派な人物なのだと孔子はいっているのです。

私は高知の田舎から出てきた者ですけれども、私の先輩で京都大学の応用化学を出て、大阪市の水道局長になった方の家を訪ねたことがあります。すると、その方はお母さんと一緒に高知の方言丸出しで話をしていて、どこにも偉くなったという雰囲気を出しません。奥さんもそれに協調していました。お母さんのことを「おなん」と呼んでいました。高知の方言です。

少し偉くなると方言を捨てて、標準語を使って人を見下すように話をして、それがいかにも優れたことのように思う人もいます。けれども、本当によくできた人は、土地の人間と会うと方言が自然に出てきます。そういうときに他人行儀な態度で「わしは偉うなったぞ」というようなことで標準語で話すようだと、なかなか心が通じないように思います。貧しかろうが金持ちになろうが、人の道を忘れず、礼を大切にして切磋琢磨する。そうすることによって、おのずからその人の品格が上がっていくのです。

大阪と京都の中間に、八幡というところがあります。石清水八幡宮で有名ですが、ここは竹の名産地です。一面、竹の山です。エジソンが電球のフィラメントをつくるときに、あちこちの竹を使ったけれども八幡の竹が一番いいといって、ここの竹を使いました。そのため石清水八幡宮の境内にはエジソンの頌徳碑が立っています。

この竹の山を歩いていると、まさしく「緑竹猗猗たり」で、たくさんの竹の中に緑したたるような竹が交じっています。種類が違うのかなと思ってよく見てみると、その場所は筍《たけのこ》を採るために下がならされていて、冬の間にちゃんと肥やしを施しているのです。そこから出る筍は、葉っぱの色まで違います。竹のようなものでも肥やしがよく効いていれば、他の竹とは違ってくるのです。人間も同様で、しっかり切磋琢磨して非常に熟練すれば際立ってくるものなのです。

❖孔子に重なる近江聖人・中江藤樹の生き方

孔子は、恵まれない環境の中で努力を続けているうちに、一目見た瞬間に「ああ、この人はとても教養が豊かな人だな」とわかるほどになりました。そういう人を身近に見ると、「自分もあの人のように立派になりたい」と希望が湧いてきます。ですから、同年輩の中でも「教えてくれ」という人が出てくるのです。それが一人増え、二人増えとだんだん増えていくのです。孔子の場合もそうでした。

日本でいえば、中江藤樹がそうです。最初は武士の修行をしていましたが、徳川の世になって「これからは武よりも文をもって身を修めることが大切だ」と儒学を志します。けれども、同年輩の者たちは「武士は書物を読むより剣道などの武術に励むほうが大切だ」といい、藤樹が廊下を歩いてくると「孔子さんが来た」と馬鹿にしました。この「孔子さん」は尊敬の言葉ではなくて、軽蔑の言葉です。

けれども藤樹は、そんな陰口には意を介さず努力を続けました。そのうちに同年輩でありながら、品格に大きな差が出てきました。それを見た周囲の者たちは「やはり勉強をしなければいけない」と気がついて、それまで軽蔑していた藤樹のところへ、一人二人と「教えてくれ」と頼みに行くようになるのです。

中江藤樹は、お母さんが一人、近江（現在の滋賀県）で寂しく生活をしておられたので、自分が仕官をしていた大洲（現在の愛媛県）に母を呼び寄せようと迎えに帰ります。しかし、母は「この年になって知らない土地で生活するよりは、ここのほうがいい。そんなに心配なら、お前さんが帰ってくればよい」といって大洲に行くことを拒みます。藤樹は非常に悩み、瀬戸内海を船で愛媛に帰る途中、引いた風邪が悪化して喘息のようになってしまいます。大洲に帰ってからも考えて、結局、母一人を近江に残すのは忍びないと決断し、二十八歳のときに武士を廃業して脱藩して故郷へ帰るのです。

そうして故郷に帰ってきたものの、収入がありません。そこで藤樹は、まず生活をどうするかと考えます。農業をするには土地が必要であるし難しいというので、思いついたのが居酒屋でした。中江藤樹、二十八歳にして武士から居酒屋に転じるのです。プライドの高い武士が一杯飲み屋をやるというのは、言うべくして簡単なことではありません。よく思い切ったものだと思います。

ところが、それだけでは終わらなかったところが、藤樹の素晴らしさです。居酒屋をやりながらも、周りに非常に大きな影響を及ぼしていくのです。店を開いた場所は街道筋だったため、一番先に影響を受けたのは馬子たちでした。今でいえば車の運転手です。

馬子というのは「一日貧乏、一日金持ち」といって、朝、家を出るときは無一文で出て、途中で客を取ると相当の金が入ってくるという仕事です。ただ、金が入ったところで家に帰ればいいのに、つい飲み屋に立ち寄ってしまうのが馬子の習性でした。そこで一杯飲むつもりが、二杯になり、三杯になり、そのうちにべろべろになって、ついに嚢中《のうちゅう》（財布の中）が空っぽになってしまうのです。

そういう馬子たちを見ていた中江藤樹は、誰がどれだけ飲んだら酔うか、一人ひとりの量をよく観察しました。そして、酔っ払った馬子が「もう一杯」といっても、「もう、だめだ」と酒を売りませんでした。仕方がないので馬子は懐に金を残しながら家に帰っていきます。それまでは有り金すべて飲んでしまうから、馬子の家では夫婦喧嘩が絶えませんでした。ところが、藤樹が酒を売らないためにちゃんと金を持って帰るようになり、一家が非常に和やかになっていったのです。

また、昔は酒屋に瓶を持っていって、一合とか二合とか量り売りをしていたため、父親から頼まれた娘が藤樹の店に酒を買いに来ることがありました。藤樹は酒を買いに来た娘に「今日はお父さんは働いたか」と聞きました。娘が「いいえ、朝から寝ています」と答えと、「それなら、これだけでいいだろう」といって、所望した量ではなく、ほんのわずかの量だけを売りました。そういうようなことをしているうちに、村全体が非常に平和になっていくのです。

ですから、馬子だけではなくて、その妻子までが藤樹を慕い、先生として非常に尊敬するようになりました。尊敬するようになると、藤樹先生の軽い言葉でも素直に受け入れるようになり、一家だけではなくて、その村全体が非常に平和になり、村人が積極的に行動するようになっていきました。馬子がお客の忘れたお金を届けてやったという有名な逸話も残っています。

藤樹はわずか四十一歳で亡くなりますが、周囲に大きな感化を与え、一杯飲みの酒屋をやりながら、その土地を改革していったのです。

もともと藤樹は先生になるつもりで酒屋を始めたわけではありません。ただ、それまでに切磋琢磨をして、若いけれども人間的には非常に立派になっていたのでしょう。だから、藤樹に接触すると「この先生について勉強をしたい」と思うようになるのです。

そうした噂を聞きつけて、天下の大英才、熊沢蕃山が中江藤樹に師事しようとやって来ます。熊沢蕃山はなかなか入門を許されずに、藤樹の家の軒下で夜を明かしました。「入門許可が出るまでは動かない」と言い張るのを見た藤樹のお母さんが「あれだけ熱心なんだから、教えてやりなさい」と仲介をしてくれて、ようやく入門を許されます。熊沢蕃山は家の都合でわずか半年で帰って行きますが、藤樹先生のもと、真剣に学びました。

「徳は孤《こ》ならず、必ず鄰《となり》有り」という言葉が『論語』の里仁第四に出てきます。藤樹先生は熊沢蕃山が帰った後に手紙を出しました。その中には蕃山を得た喜びを書き連ねてありました。その一節に「徳あらざれども、隣ありの楽しみあり」とありました。藤樹は「私にはお前を引き留めるだけの徳はないけれども、お前を得たことは喜びであった」と、自分を卑下しながら相手を得た喜びを語っているのです。四十前にこういう言葉を発することができたというところに、中江藤樹という人の偉さがあります。そこに日本の学者にして聖人と称される者の筆頭にいつも藤樹があげられる理由があります。

そういうように、中江藤樹は初めから先生になるつもりで勉強を始めたのではないけれども、結果的には、若くして非常に多くの人に影響を及ぼしたのです。年は関係ないのです。我々も生ある限り、一日一日、少しずつでも人間的に成長するように、お互い歩んでいきたいと思います。

第二講

孔子の心を伝える者たち

——顔淵と曾子

❖始皇帝も毛沢東もほろぼせなかった孔子の教え

昨年（平成二十五年）は致知出版社の主催で「神道と中庸」という講座を開きました。心臓の病気で二回の手術をしましたため、車椅子で新幹線に乗って大阪からまいりました。その後も歩行にちょっと不安なところがあったものですから、杖をついたりしていたのですが、こういうのは経験しようと思ったところで、なかなかできるものではありません。

ところで、杖というのはつき出すとそれに頼ってしまい、杖をはずすということが不安になります。けれども思い切ってはずしてみると歩ける。それを何回か繰り返しているうちに、もう杖を忘れるようになりました。

そういうことも経験し、人生は五十代、六十代、七十代、八十代、九十代と、それぞれ年によって大きな変化があるということを実感しております。私も生きてみてわかるのですけれども、年を取ったから認知症になるとは限りません。逆に次から次へと考えがわいて出てくる場合もあります。

また同じように、たとえ死を迎えたとしても、なお生命を持ち続けるという場合もあるようです。第一講でもお話ししましたが、孔子という人がまさにそうです。孔子の語録を集めた『論語』は、彼の死後二千五百年経った今でも輝きを放っています。これを言い換えれば、孔子は生死の境を乗り越えた永遠の生命を持っているといっていいでしょう。

孔子は生まれも複雑でありましたし、生涯を通じて大変にご苦労をなさいました。一時は中央に召されて大臣にもなり、総理大臣の代行まで務めるような地位にまで昇りましたが、その後は十四年間も天下をさすらうという経験もしています。その間、本当に彼を理解し、彼に共鳴する者はいませんでした。結局、十四年の周遊のあと、最晩年に及んで故郷に帰ってきて、自然と寄ってくる青年有志の教育に携わるとともに、後生のためにいろいろな書物を整理し、また編纂をしました。それが今日までも続いているのです。

孔子は決して世間的な成功者ではありません。巨万の富を有したわけでもありませんし、社会的にも一時的には活躍する場を得ましたが大部分は苦難の中にありました。その孔子が二千五百年を経た今日なお人々の心の中に生きているというのは不思議な気もします。私が『論語』を中心にしながら孔子のお話を申し上げるというのも、何も孔子から頼まれてやっているわけではありません。こっちが勝手にやっていることでありますけれど、その言葉は現代の人にも受け入れられるのです。これは孔子が今日も生きている証しといえるのではないかと思います。

孔子は、亡くなってからも決して安泰ではありませんでした。紀元前の出来事になりますが、秦の始皇帝が中央政権を樹立したときに、孔子の教えが邪魔になるというので、関係するすべての書物を焼き、四百数十名もの学者を生き埋めにしました。いわゆる「焚書坑儒《ふんしょこうじゅ》」です。それでもう孔子の教えは根が絶えるだろうというふうに思われましたが、いつの間にやら復活するのです。

焚書坑儒を断行した始皇帝は天下の権力をいろいろ研究していましたが、彼が亡くなって六年も経たないうちに、秦という大帝国は滅亡してしまいました。単に外から攻撃を受けたというだけではなく、内部から崩壊していくのです。

その後、孔子の学問、儒教が危機に瀕するようなことは長らくありませんでしたが、現在の中国の共産党政権が一九六〇年代半ばから文化大革命というものを行いました。当時の指導者であった毛沢東が年を取って耄碌したところに、第三夫人である江青の一派がつけ入って、虎の威を借る狐のごとく、「批林批孔」といって世界で最も悪い人間は孔子であるといい、書物はもちろんのこと、関係する施設も次々に破壊し、その子孫も迫害を受けることになりました。

ところが、毛沢東が死んで満中陰、いわゆる四十九日が明けたところで大展開がありました。江青一派は毛沢東の遺言書を持っているといって自分たちの支配を強化しようと考え、満中陰の集いに政権幹部が揃ったところで遺言書を見せるのです。そのときに華国鋒（後の首相、党主席）という人が「それをちょっと見せてくれ」といって受け取り、そのまま自分の懐に入れてしまいました。その一瞬、江青一派は逮捕されて牢屋につながれることになったのです。始皇帝のときは亡くなって六年後でしたが、毛沢東のときは亡くなって一年も満たないうちに大きな変化が起こったわけです。

それからは、世界で最も悪い人が孔子であると学校でも教えていたのが一変して、民族が世界に誇るべき偉大なる教育者であるというふうに評価が逆転しました。学校でも小学校から『論語』を暗誦させるようになりました。私も何回か中国にまいりまして、孔子のお祭りである釈奠《せきてん》で小学校の子どもたちが『論語』の素読をするのを目にしました。

その後、孔子に対する迫害は一切なくなりました。今日は排日運動が孔子の排斥に代わっているという状態です。

❖学者ではなく教育者であった孔子の本質

孔子は多彩な人生を送りますが、突き詰めていくと、やはり教育者であったといえるでしょう。教育学者ではなくて、教育者です。教育学者と教育者には一つ違うところがある。学者は学者としてそれぞれの研究で重要な業績を残していきますが、教育者は人を教える立場ですから有名になってはいけないのです。無名な先生のもとから優れた人物が次から次へと輩出したときに、これを育てた先生が世に出るということはあります。けれども、最初に先生が有名になってはいけない。これは東西を問わずいわれることです。

私たちが若かった時分に、教育者の鑑といわれたペスタロッチという人がいました。この人は本来は教育者ではなかったのですが、途中から教育に熱を入れて非常に業績を上げ、ペスタロッチ自身が有名になりました。ところが、有名になると堕落してしまうのです。売名的になって、指弾されてしまったのです。

本当の教育者というものは無名なもので、優れた弟子が輩出することによって先生の価値が高まってくるようでなければいけないのです。先生は有名になったけれど、教え子は悪いというのでは何も価値がありません。

そういう意味では、吉田松陰は本来の教育者でした。最後は小塚原で首をはねられて亡くなりましたが、立派な人で、その門から偉大な人物が次から次へと出て、新しい明治という時代をつくり上げる大きな力になりました。それらの人々がどこで学んだのかと探ってみると、吉田松陰に教えを受けているというので、松陰の名は大いに高まり、ついには神様として祭られるまでになりました。

先に申し上げたように、孔子は決して世の中にいう成功者ではありません。けれども、多くの優れた子弟を育て、その教えを記した『論語』は二千五百年の生命を保ち、今もなお多くの人々に影響を及ぼしているのです。同時に、その子孫が今も続き、変わらずに先祖の教えを奉じ、先祖の祭りを継承しています。これは驚くべきことです。そして孔子の教えを最も素直に受け継いだ曾子という人の直系の子孫も健在で活躍をしておられますし、孔子の教えを末梢的に伝えた孟子の子孫も現代に伝わっています。これらの子孫は先祖の御廟を守って、その教えを世に広げようとしているのです。

子孫が伝わるというのはなかなか大変です。一代か二代ぐらいならばともかく、金持ちは三代続かないというように、三代でもなかなか続きにくい。孔子はそれが七十九代も続いているというのですから、大変なものです。

その間に秦の始皇帝や毛沢東による思想統制があり、子孫も廃滅の危機を迎えながらもそれを乗り越えてきたのです。片一方は権力を背景になんでもできると思って孔子の思想や関係する人々を一掃しようとしたけれども、子孫たちはじっと隠忍自重されました。その意味では、子孫も偉かったのです。

先祖の名を汚さないように、先祖の教えを奉じ、それを現代的に活かそうとしました。それが七十九代まで続いています。その前の七十七代の頃には文化大革命がありましたが、「暴に報いるに暴を以て」するのではなくて、台風の過ぎるのをじっと辛抱して待ちました。その結果として台風一過、また晴天が戻ってきたわけです。

❖短いが何日も語れるほど深く豊かな内容を持つ言葉

『論語』には孔子だけではなく弟子たちの言葉も載っています。弟子の中で一番多くの言葉が残っているのが子路という人です。子路はいたずら者で、言いたいことは言うし、やりたいことはやるという人で、しょっちゅう孔子からたしなめられています。それにもめげず、長い間孔子の下にあって、身を賭して孔子を守りました。

その次に多いのが子貢という弟子です。子貢は頭もいいし、雄弁家でした。しかも金儲けがなかなかうまいという、孔子の弟子の中ではちょっと異質な人でした。ただ儲けを独り占めするようなことはせず、孔子教団を経済的にも擁護しました。

『論語』の中には孔子と弟子の問答がいくつも出ていますが、問答の相手はこの子路と子貢が中心です。『論語』が非常に華々しいといいますか、変化に富んでいるというのは、子路と子貢の問答が多いというところに一つの理由があります。

しかし、『論語』の中心はやはり孔子なのです。『論語』の中で、「子曰わく」とあるのはすべて孔子の言葉です。先にも申しましたように、これは孔子の孫弟子たちが孔子の直弟子であった自分たちの先生から聞いた言葉を聞き集め、ディスカッションをしながら「これは間違いなく先師孔子が発した言葉だろう」というものだけを選別して「子曰わく」として載せたのです。

その孔子の言葉というのは非常に短いものが多いのが特徴です。『論語』は一行にも足らないようなものも一章と数え、全部で約五百章からなります。この五百章の中には、たった一行にまとめられた孔子の言葉が数多く含まれています。しかし、そんな短い言葉であっても、内容は非常に豊かです。さすがに苦労を重ねてきた孔子の言葉だけあって、その一行について話そうと思えば、それだけで何日もかかるという内容の深さがあります。

皆さんは本を読む場合に、字面だけを追っている人もあるかもわかりません。ところが、行の連なりとして本を見た瞬間、その行間からは無限の考えや思いが浮かんできます。それは単に表面だけの意味ではないのです。「眼光紙背に徹する」という言葉がありますが、文字の表面だけではなく、同時に裏が見えたり横が見えたりして、立体的に考えが浮かんでくるのです。だから短いからといって、決して内容が貧弱であるというわけではありません。

そこで孔子の短い言葉をいくつか選んで、少しお話ししてみたいと思います。

次にあげるのは陽貨《ようか》第十七にある言葉です。

子曰《のたま》わく、性《せい》、相《あい》近きなり。習《ならい》、相遠きなり。

先師がいわれた。

「人の生まれつきは、大体同じようなものであるが、しつけによって大きくへだたるものだ」

解釈すればこういう意味になるわけですが、しかしこれは人生を語る上において欠くことのできない根本的な問題を指摘しています。

これに続く言葉もそうです。

子曰《のたま》わく、唯上知《ただじょうち》と下愚《かぐ》とは移《うつ》らず。

先師がいわれた。

「ただ最上位の賢者と最下位の愚者とは変わらない」

これは押しても突いてもその人間を変えることはできない、ということをいっています。この言葉からは、孔子が弟子の教育にほとほと悩んだらしいことが伝わってきます。

❖孔子の言葉を現実の中で活かした中江藤樹

これらの言葉を現実の中で活かした人が、中江藤樹です。孔子が七十三歳で亡くなるのに対して、藤樹はわずか四十一歳で亡くなっています。それでも日本において学者にして聖人と仰がれる第一の人は中江藤樹先生です。

前講でもお話ししたように、藤樹先生は武士として仕えていた大洲からお母さんの世話をするために故郷の近江に戻り、居酒屋を開いて生計の道を立てながら、訪ねくる人々に教えを説きました。

そんな先生を慕って、大洲から何人もの人が訪ねてきています。その中に大野了佐という人がいました。了佐は医者を志していましたが、記憶力が非常に鈍かったのです。藤樹先生はそんな下愚といってもいい了佐を医者に育てるために、自ら医学の教科書をつくって彼に与えました。了佐は朝十時から夕方の四時まで、教科書に書かれた一つの句を覚えるのに二百回も繰り返し読んだそうですが、晩ご飯を食べたらすっかり忘れてしまうのです。そこでまた百回繰り返してようやく暗誦できるというぐあいでした。

毎日がその繰り返しでしたが、藤樹先生はなんとか了佐を医者に仕上げるのです。さすがの藤樹先生も、この了佐の教育には精根尽きたというふうに申しております。しかし、藤樹先生は、自分は精根が尽きたけれども、その苦労は置いておいて、了佐がやり遂げた努力を高く評価しています。

孔子さんですら下愚の者には匙を投げたことがあったけれども、中江藤樹先生は実地にそうした者を育て上げたわけです。

この大野了佐が下愚であったとすると、中江藤樹の門に訪ねてきた上知は熊沢蕃山でしょう。蕃山は了佐とは違い、一度聞けばそれを長く記憶し、非常に偉大な業績を残しました。そういう者をも藤樹先生は育てています。

前講、熊沢蕃山が故郷へ帰った後で藤樹先生が送った手紙の話をしました。その手紙に「徳あらざれども、隣ありの楽しみ有り」という言葉がありました。これは『論語』里仁第四にある「徳は孤ならず。必ず鄰《となり》有り（報いを求めず、陰徳を積んでいる者は、決して一人ぼっちではない。必ず思わぬところにこれを知る者がいるものだ）」という孔子の言葉が下敷きになっていると思われます。

この孔子の言葉にある「鄰有り」とは「自分を知る人がいる」ということを意味しています。そして、これは「自分に徳がある」ということが前提になっています。ところが、藤樹先生は「自分にはなんの徳もないけれども、お前のような立派な人物を得た」といって喜んでいるのです。「自分に徳があるから、お前のような立派な人物を得た」といえば、暗に自分の徳を自慢することになります。しかし、そうではなくて、「徳あらざれども、隣ありの楽しみ有り」と謙遜をする。わずか四十になるかならないかという年齢にもかかわらず、こういう言葉を使えるところに藤樹先生の限りなく麗しい人間としての根を感じさせられます。聖人と讃《たた》えられるわけがここにあります。

❖当下一念、「今の心」を持ち続ける難しさ

ご承知のように、孔子は「十有五にして學に志し」といっています。この「學」とは聖賢の学です。これに対して中江藤樹は、十一歳のときに「天子自《よ》り以て庶人《しょじん》に至るまで、壹《いっ》に是《こ》れ皆身を修《おさ》むるを以て本《もと》と為《な》す」といっています。わずか十一歳のときに『大学』という書物を読んで、箸を落として感慨にふけるのです。それから努力に努力を重ねて勉学に励み、わずか四十一歳で亡くなっていきます。

「当下一念《とうげいちねん》」という言葉があります。言葉そのものは昔からありましたが、これは藤樹の言葉として今日にも残っています。

中江藤樹は三十の初め頃に、すでに伊勢神宮にお参りしています。ですから日本の神道関係についても深い関心を持っておられたのです。その神道の気持ちが一番よく表れるのが正月、元日の心です。学問のない者たちでも、正月を迎えると本当の心に立ち返る。その心を生涯続ければよろしい、何も難しいことはないと、藤樹先生はい

うのです。そんな今の心、それが当下一念です。
けれども、そういう心境を持ち続けるというのはなかなか難しい話です。正月も終わる頃には、もう「あの心はいずこにありや」となって、三月もしたらどこかへ飛んでいってしまう。それは『論語』の雍也《ようや》第六にも書いてあります。

子曰《のたま》わく、回《かい》や其《そ》の心三月仁に違《たが》わず。其の餘《よ》は日に月に至るのみ。

先師がいわれた。
「顔回は、その心が三月も仁に違うことはないが、他の者は一日かせいぜい一月も続く程度だ」

そういう心がずっと続いたのが顔回で、三か月続いたとあります。他の者は長くて一か月、短かければ一日続くか続かないほどだったというのですから、顔回の優秀であったことがうかがわれます。

ところが、孔子はこの心境が生涯変わりませんでした。いわゆる不退転でありました。この不退転の境地に到達するということが、実は言うべくしてなかなか難しいのです。孔子は「朝《あした》に道を聞けば、夕《ゆうべ》に死すとも可《か》なり」という苦難の道を辿りながら、努力に努力を重ね、「五十にして天命を知る」。つまり、悟りを開いたのです。孔子が永遠の生命を得たのは、不退転の境地に到達したがゆえといっていいと思います。

釈迦は二十九歳から三十五歳に至る六年間、難行苦行を重ねて大悟を徹底されました。その悟りは生涯変わらないものでした。つまり、不退転の境地に到達したのです。その後、優れた弟子や信者が出てきますが、そういう境地は長くは続きませんでした。輪廻するといいますか、変わっていく者が多かったわけです。

そういうわけで、「五十にして天命を知る」という非常に短い言葉の中にも尽きせぬ内容が盛られています。これが『論語』というものであります。ごたごたと理論を重ねて説明したものではありません。ですから、『論語』をお読みになられる際には、短い章ほど内容が豊富だということを頭に置いて、静かにしみじみと味わうことが大切であろうと思います。『論語』を読むとはそういうことなのです。

❖学生の学問をする目的は昔も今も変わらない

孔子は教育者であり、その本命は教育にあったというのは間違いないと思います。門弟三千といわれるように、孔子には非常に多くの弟子がいました。ただ、この三千というのは三千人という意味ではなくて、ただ単に「多い」という意味です。三という字に「全体」という意味があるので、三千というのは非常に教え子が多かったという表現になります。

もちろん、それほどたくさんの弟子がいれば、その中には優秀な者も相当いたと思われます。けれども、孔子の心を伝えるという点に及んでは、それほど多くの弟子が理解していたわけではありません。孔子学校に入学を希望してくる学生のほとんどは、有名な孔子の下で教育を受けて、良い就職先に推薦されて、立身出世をしたいという考えを持っていたのです。

それは今でも同じようなものでしょう。私立学校というのは、たとえば同志社などはキリスト教というものを内側に秘めながら人間教育をして、また社会的にも役立つ人間を育てるということを目指して設立されたわけですが、今ではいろいろな学部が揃う中で、神学科で学ぶ学生は非常に少なくなっています。学内にあるチャペルに通う学生も少ないようです。同じくキリスト教系の関西学院大学も同様だと聞きます。こうした大学に入って本当にキリスト教に深く入ろうという人は少なくなっているわけです。

これは孔子の頃も同じだったと思います。当時、すでに国がつくった学校、いわゆる小学、大学がありました。そこでは相当の教育が行われていたわけですけれども、学生の大部分は、学校を卒業して、社会でいい地位を得て、生涯安楽に暮らしていきたいという希望を持っていたわけです。

これに対して孔子学校は、教師自身が人間を磨きながら社会に役立つ人間を育てることを眼目としていました。しかし、自己を立派にするために学ぶという本筋に沿って孔子の門を志す人は非常に少なかったように思います。

先に子貢とか子路という人の名前をあげました。これらの者は非常に優秀でしたが、終局的には役職に就くことを目的としていました。実際に子路は役に就きますが、壮烈な戦死をして孔子を非常に悲しませました。子貢も非常に優れた素質を持った人ですけれども、孔子が一番求めていたものに対しては冷淡であったといってもいいでしょう。

『論語』の八佾《はちいつ》第三に出てきますが、孔子は子貢に対して「なぜもう一つ突き詰めないのか」というように諭しています。

子貢、告朔《こくさく》の餼羊《きよう》を去《さ》らんと欲す。子曰《のたま》わく、賜《し》や、女《なんじ》は其の羊《ひつじ》を愛《おし》む。我は其の禮《れい》を愛む。

子貢が告朔の礼に生肉の羊をお供えすることをやめるのがよいと思った。先師がいわれた。

「賜（子貢の名）よ、お前は羊を愛《おし》んでいるのか。私はそれによって礼の心が失われることを愛むよ」

孔子は子貢の礼に対する姿勢が不徹底であると感じて、このような苦言を呈したのでしょう。私も九十も半ばを過ぎてくると、孔子学校といってもそこに通う学生はやはり学生だなと感じます。子貢にしろ子路にしろ、あぁ、ちょっと惜しいな、ここまでもう一つ突けばいいのに、というふうに思われることが多々あります。

❖一番弟子・顔回の死に孔子が取り乱したのはなぜか
——噫、天予を喪ぼせり、天予を喪ぼせり

孔子は五十にして天命を知り、不退転の境地に到達しました。そのとき、その心境を教え子に伝えたいという素志があったのです。数多くの弟子の中で、孔子の真髄をもっともよく体得しそうなのが顔回（顔淵）という弟子でした。

しかし、顔回は孔子が七十のときに先立って亡くなってしまいます。そのときの顔回の年齢については諸説ありますけれども、四十というのが普通でしょう。孔子は七

十ですから、だいぶ老境に達しています。その自分の心境をもっともよく理解し、これを体得し、後生にも伝える。その役割を顔回に期待し、望みを託していたわけですけれども、顔回は自分よりも先に亡くなってしまうのです。

そのときの孔子の心情を端的に表している短い言葉が先進第十一にあります。

顔淵死す。子曰《のたま》わく、噫《ああ》、天予《てんわれ》を喪《ほろ》ぼせり、天予を喪ぼせり。

顔淵が亡くなった。

先師は歎いていわれた。

「ああ、天は私をほろぼした。天は私をほろぼした」

顔回が亡くなったときに、孔子は随分悲しみました。亡くなった顔回を弔ってお悔やみに行きますが、そこで「天予を喪ぼせり、天予を喪ぼせり」といって、正体もなく泣き崩れました。この言葉をよく読んでください。孔子は「天顔淵を喪ぼせり」ではなくて、「天予を喪ぼせり」といっているのです。それも二度繰り返しています。

これは単に顔回の死を惜しむというだけではありません。「顔回の死は自分をほろぼすのだ」と孔子は考えたのです。どういう意味かといえば、自分は天の道と相通ずるものを悟ったのだけれども、顔回の死によって、それを伝える相手がいなくなってしまった。天は顔回だけではなくて、私をも一緒にほろぼしてしまうのだ、といっているわけです。「顔回がいなくなってしまっては真実の道が後生に伝わっていかない。自分の真髄を伝える人がいなくなってしまった」という悲しみが老境にある孔子を打ちのめしたのです。

余談になりますけれども、中国の葬式には葬式の礼、葬礼というものがあります。中国だけでなく日本にもありますが、とくに中国は葬礼を重んじます。そして中国の葬式に行った一般の人は「哭する」、つまり「声を上げて泣く」ことが一つの礼になっています。

顔回が亡くなったときに、孔子はその家に行って非常に泣かれました。これは礼にかなっているように思われるかもしれません。しかし、孔子はただ泣いただけではなくて、慟哭《どうこく》というか、身を震わせて泣いたのです。正体もなく、体を崩して泣き悲しみました。しかし、これは本来、身内の者にだけ許される悲しみの表し方であって、葬式の礼に反するものでした。だから付き添いにいった者がその様子を見て、「先生はわれわれに礼ということをやかましく教えていたのに、親類でもない顔回の葬式で正体もなく泣き崩れておられた。先生は平生、礼というものを非常に尊びながら、自らこれを破ったのではないか」と疑問を呈しているのです。

私も孔子の七十七代直系子孫の孔徳成さんの長男である孔維益さんが急に亡くなったとき、台湾まで行って葬式に参列しました。思いがけなく中国式の葬式を体験することになったわけですが、参列者がお参りをするときに、みんな泣く格好をしていました。泣く格好をするのはなかなか難しいと思いますけれど、それが礼儀であるためか、向こうの人たちはわりあい板に付いていました。私もそれを真似してやりました。

お参りするときにもいろいろな礼があります。最初に線香を持った人が一人ひとりの会葬者にそれを渡します。会葬者は一礼をして受け取った線香を人を通じて霊前に立てます。次に花輪が持って来られるのでそれを献じ、最後はお酒を一礼して受け取って人を通じて献じるというような形式です。

これも余談になりますが、孔子さんの教えが日本に無理なく入ってきて日本人に受け入れられたのは、酒のつながりがあるからだと私は思っています。真面目一方の漢学の先生にそんなことをいうと眉をひそめますが、日本の神式の葬式は玉串をあげるとともに必ずお酒をあげます。それが御神酒です。その点は孔子さんの儒教式の祭典とも相通じます。そこに共通点があったから『論語』が日本に入るときも抵抗なく受け入れられたのではないかと思うのです。仏教やキリスト教が入るときには激しい抵抗がありました。そういう抵抗がないまま入ってきたのは、孔子の教えだけなのです。

『古事記』をお読みになられた方もあろうと思いますが、そこに王仁《わに》という学者が日本に『論語』を伝えたことが書かれています。王仁が日本に来るとき、酒づくりの名人を一緒に連れてきています。その名人が酒をつくって時の応神天皇に奉りますと、応神天皇はおいしいお酒に快く酔って、外へ出て杖で石を叩いたら石が逃げたという話が『古事記』の中には出てきます。

宗教というものはだいたい酒を認めておりません。イスラム教は絶対に酒はだめですし、仏教もお坊さんは酒を飲んではいけませんでした。「葷酒《くんしゅ》山門に入るべからず」といって、酒をお寺の中に入れてはならず、酒を持ち込んだことが発覚すると坊さんは追放されたのです。しかし、あまりにも戒律が厳しいというので少しゆるめて多少の飲酒を認めることにして、坊さんも酒を飲むようにもなったのです。

キリスト教でも、カソリックの熱心なところでは酒を飲みません。かつて親しい友人のお嬢さんが結婚するというので招待をされて行ったことがありますが、熱心なカソリックであったため結婚式で酒が出ませんでした。それで私を招待してくれた人が気の毒がって、後刻改めて酒の出る場所に招待されました。新郎のほうは酒好きなのですが、酒を飲んで帰ると奥さんのご機嫌がよくないというので、酔いが醒めてから家に帰るという話でした。

というわけで、中国の儒教式の葬式には酒が出ますし、日本では御神酒のあがらぬ神はないといいますから、ここが相通ずるところで、儒教が日本に受け入れられた大きな理由なのではないかと思うところです。

話を戻しますと、孔子は自分の心を後生に伝えてくれると思っていた弟子の顔回が自分に先立って亡くなったため、「哭して慟す」というように非常な悲しみの中に落ちてしまいました。その悲しみは「天予を喪ぼせり」というほどでありました。孔子がそんなに悲しむほど、人間の本当の心をそのままに伝えるのは容易ではないのです。

これは仏教の世界においても同じで、お弟子さんはたくさんいるけれど、その中で一人でも本当に師匠の心を汲み取り、それを継承する人が出たら大成功といわれるくらいです。これを以心伝心といいますが、言うべくして難しいことなのです。

❖孔子の心を以心伝心で受け取った曾子

――参や、吾が道は一以て之を貫く。曾子曰わく、唯

孔子は、そういう以心伝心のできる弟子であった顔回を七十の年に失い、ちょっと虚ろな気持ちになって、将来への望みを失いかけました。ところが、七十二歳のときに自分の心を本当に伝えることのできる新たな弟子を見出しました。その弟子が曾子です。そのとき曾子はまだ二十六歳の若者でした。

老境に達した孔子は、まだこれからという春秋に富む曾子が自分の心の継承者たりうる素質を持っていることを見抜きました。そういう継承者を得たという喜びを感じて、七十三歳にして亡くなるのです。もし曾子という人がいなければ、孔子の心を後生に直接伝える人はなかったといってもいいでしょう。

私は思うのですけれど、家庭教育というものは実に重要なものです。顔回は四十歳で亡くなったということになっていますが、実はこの人のお父さんは顔路といって、孔子の若い時分からの教え子でした。それから曾子のお父さんは曾皙といって、この人もまた孔子の弟子でした。孔子が若くして学校をつくって学生を集めたときに、いち早く共鳴したのが顔路であり、曾皙《そうせき》だったのです。

父親が孔子のお弟子さんであったわけですから、家庭においても絶えず先生の噂をしたでしょうし、また孔子の教えを家庭の中に取り入れながら子育てをしていったのでしょう。顔回にしても曾子にしても、こうした家庭教育によって無意識のうちに孔子の感化を受けていたのです。そのようにして孔子の教えを日常茶飯事のものとして、いつも身近に感じながら育ったという土台があったために、孔子学校に入って本筋の学問をしたときにも、それを素直に受け入れられたわけです。顔回や曾子が子貢や子路と違うところは、まさにそこにあります。

曾子は、名前を参と書いて曾参《そうしん》、字は子輿《しよ》といいます。この人が孔子の教えを今日まで伝える大きな力になりました。そこで、これからこの曾子について、少しくお話を進めてまいりたいと思います。

『論語』里仁第四に次の言葉があります。

子曰《のたま》わく、参《しん》や、吾《わ》が道は一以《いつもっ》て之《これ》を貫く。曾子曰《そうしい》わく、唯《い》。子出《しい》ず。門人《もんじん》問うて曰わく、何の謂《いい》ぞや。曾子曰わく、夫子の道は忠恕《ちゅうじょ》のみ。

先師がいわれた。

「参よ。私の道は一つの原理で貫いているよ」

曾先生が「はい」と歯切れよく答えられた。先師は満足げに出ていかれた。他の門人が「どういう意味ですか」と問うた。

曾先生が答えられた。「先生の道は、忠《まこと》と恕《おもいやり》だと思うよ」

これは孔子七十二歳、曾子二十六歳のときの問答です。この老先生と若き青年は、道において、忘年といいますか、年を超えて相通ずるところを持っていたのです。名指しで「参や、吾が道は一以て之を貫く」と話しかけた孔子に、曾子はすかさず「唯」と答えます。「唯」というのは、歯切れのいい「はい！」という言葉。「はーい」というのではなくて「はい！」。

また文章の中には出てきませんが、曾子は「はい！」と歯切れよく返事をしただけではなくて、必ずや起立して孔子の目をしっかり見て答えたと思うのです。目というものは、言葉よりもはっきりとその人の心を表すものです。言葉は時にいい加減なことをいう場合もありますが、目はそう簡単にごまかせるものではありません。

おそらく孔子は「はい！」と歯切れのいい言葉と同時に、そういう曾子の澄んだ目を見て直感されたのでしょう。「あぁ、わしの目指すところが彼にはもうわかっているな」と。この孔子と曾子の問答のような伝わり方を「以心伝心」というのです。心を以て相手の心にそのまま伝えていく。これが以心伝心です。

孔子は、この人間を磨けば立派な継承者になるであろうと考えられました。わずか二十六歳の青年の中に、孔子はその可能性を見られたのです。

金剛石でも原石のときから光り輝いているわけではありません。しかし、石ころのように見えても、見る人から見れば「あぁ、これは金剛石だな」とわかるのです。そこでその石を切磋琢磨していくと、光燦然たるダイヤモンドに変わるわけです。

言い方を変えれば、孔子は、荒削りの曾子の中に聖人を見たといってもいいでしょう。これを見通すことは、言うべくしてなかなか難しいことです。孔子だからこそ、できたことだと思います。昔の寿命を考えれば今の私の年ぐらいの年齢にあたる七十二歳の孔子が、わずか二十六歳の青年の中に、この麗しい玉を見たのです。そういう孔子の心も非常に深いものがあると思います。

その当時、曾子と同じくらいの年齢の若い優れた弟子が随分いました。子游とか、子夏とか、子張とかいうような者たちも、だいたい年齢が同じです。その中の一人がこの曾子だったわけですが、平生、曾子は孔子から「参や魯なり」と評されていました。「魯」という字は「鈍い」、勘取りが鈍いという意味です。子張や子夏に比べれば曾子は見劣りがして、あまり冴えない。だから人からもそれほど注目されていませんでした。

ところが、お弟子さんが集まっているところにやってきた孔子は「参よ」と名指しされ、「自分の道は一以てこれを貫くことによっておるよ」といったのです。それに対して曾子は「はい！」と、なんのよどみもなく答えるのです。

他の門人たちはさっぱり意味がわからないから、先生が行ってしまわれた後に「どういう意味ですか？」と曾子に尋ねました。その問いに曾子は「夫子の道は忠恕のみ」と答えます。「夫子」というのは、ここでは「先生」という意味です。つまり、孔子先生の道は忠恕だと答えたのです。

普通に考えれば、「先生の道は仁のみ」と答えるところです。なぜならば、孔子が平生人々に説いていた人間としての究極は「仁」だったからです。しかし、それを曾子は自分の言葉で「忠恕だ」と答えた。これは曾子が孔子の思想を受け継ぎながら、自分の言葉でその内容を表現しているということです。

❖二千五百年前の師弟の子孫を日本に迎える

今でも中国の嘉祥《かしょう》県というところに曾子さんの御廟が残っています。私は文化大革命の直後に中国へ行き、今は世界文化遺産になっている曲阜《きょくふ》の孔子廟にまいりました。丁度、文化大革命で破壊された廟および孔子林、孔府を慌てて修理しているところでした。

その後、せっかくだからと孔子の教えをもっとも後生に伝えた曾子の御廟にもお参りしようと思い、孔子廟からはだいぶ離れた嘉祥県にある御廟へまいりました。随分大きなものですけれど、こちらもほとんど破壊されていて、目も当てられないほどでした。中国というところは石碑を建てるというのが非常に特徴的ですが、それが割られて見る影もありません。

曾子廟の中には曾子の御像も何もなく、まったくのがらんどう状態でした。かろうじて廟を囲む塀が残っていましたが、その一つには一貫の門、もう一つには「忠恕の門」という名がつけられていました。この二つの門が曾子廟にあるというのは、言うまでもなく、この孔子との問答を表現しているのです。

この曾子廟の様子を見たとき、孔子の教えが今日に伝わっているのは曾子の努力によるところがまことに大きいのに、このままでは申し訳ないという気持ちになりました。その廟は曾子の傍系の子孫がお守りをしていましたが、その人が私にくっついて離れませんでした。また、その人の周囲には二人の屈強な男がついていました。この男たちは共産党員です。彼らに監視されたような状態で、子孫のおじいさんは私に何かいいたそうにしていましたが、何もいえないままでした。ただ、私の手をずっと握りながらバスまでついてきて、私がバスに乗るときにそっと紙切れを手渡してきました。それを見ると、「なんとかして曾子の御廟だけでも回復したい。ご協力を願う」ということが書かれていました。

私は日本に帰ってから有志の皆さんに相談をしました。その結果、曾子の像だけでもつくろうという話になって五百万円を集め、集めたお金を向こうへ届けました。当時の貨幣価値では、日本の五百万円は中国では一億ぐらいの値打ちがありましたので、立派な曾子の御像ができました。それで曾子生誕二千五百年のときに、曾子祭というものを復活させるというので招待を受けました。訪ねると小学校の子どもが楽隊で迎えてくれました。土地の人たちも二千数百人が寄って迎えてくれました。

曾子は世界的にも随分たくさんの子孫がいます。香港には曾子の子孫という富豪がいて、この人が後に思い切った資金の補助をして曾子廟を立派に復元してくれました。今では非常に立派になって、曾子の大きな銅像が町の入り口に立つまでになっています。

私は、平成元年に孔子七十七代の直系の孔徳成先生と、曾子の直系子孫である七十四代曾憲禕という方、つまり先生と弟子の子孫を日本に迎えたいという申し出をしました。二人とも、じゃあ日本に行こうかとなったときに、先程お話をしました孔徳成先生の長男の孔維益さんが急死されたのです。

私は葬式に参列しましたけれども、長男を失った孔徳成先生に改めて日本までお出でを願うというのはどうも忍びないところがありました。ところが、帰り際に、孔徳成先生から「予定通りにまいります」というお言葉をいただきました。それで予定の通り、平成元年の初めに孔徳成先生とその次男の孔維寧《こういねい》さん、曾憲禕《そうけんい》先生とその奥さんを一緒にお迎えしました。

曾憲禕先生は大陸から台湾に迎えられていましたが、共産党の追及もあり長らく大陸に帰ることができず、台湾で奥さんを娶りました。その奥さんとご一緒に日本に迎えることができたのです。

これは私にとって非常な感動でありました。二千五百年前の師弟の子孫を同時に日本にお迎えすることができたのです。その師弟の子孫が今もなお、孔子の子孫が先生、曾子の子孫が弟子という関係で、単なる人間関係だけではなくて、精神面においても変わらない交わりを続けておられるのです。それを間近に見て感動するとともに、人間関係の不思議さ、道縁というものの微妙さに深く感ずるものがありました。

第三講

情理によって結ばれた師弟の絆

❖人間の生死とは不思議なもの

人間は偶然に動いているように見えても、すべて一つの法則によって一貫しています。したがって、すべて偶然にあらずして必然であると申し上げてもいいと思います。たとえば、世界の何十億人もの中から一組の男女が結ばれ、子どもが生まれる。これは考えてみれば不思議なことです。理屈では解決できないものです。

私が非常にお世話になった方に京都大学の総長をされていた平澤興先生がおられます。その平澤先生が最晩年に到って会うたびに申していたのが「不思議」という言葉でした。平澤先生は医学の大家にして科学者でありましたが、その先生が「不思議や、不思議や」というので、私はちょっと奇異に感じていました。ところが、その当時の先生と同じ年になる頃には、私も「不思議や、不思議や」と思うようになりました。

去年の六月、私は病院におりました。六月五日にちょっと体調がおかしいと感じて、家族からもホームドクターに診てもらったらどうかといわれて診てもらったところ、不整脈が見つかりました。すぐに大阪では非常に有名な心臓の先生を紹介してもらって行くと、先生いわく「即刻入院や」と。しかし、七日に京都で社長塾の定例講座があるので、「これを終えてから入院したい」というと「そんなにのんびりした話をしておったら命はないですよ」と忠告されました。

しかし、七日の会は代わりがきかないから「死んでもいいから出る」といって医者と論争になりました。結局、先生の診断は間違いないことではあるけれども、それを聞かずに出席することを決心しました。それで六日に子どもたちも呼び寄せて、「どうも今度は生きて帰れそうにない。葬式、よろしゅう頼む」と伝えて七日の会に出かけたのです。

けれども人間というのは不思議なもので、そういう覚悟をすると、あまりバタバタすることもありませんでした。葬式の用意も頼んでいたために気が楽になったのか、二時間二十分の講義を支障なく終えて、その足で京都から大阪の病院に滑り込んだのです。

そこで応急処置をしていただき、その後、ペースメーカーをつける手術をしました。

手術には三時間半かかりました。全身麻酔をするものだと思って安心していたところ、その場で手術するといって始めたものですから、医者の一挙手一投足がよくわかりました。

なんとか手術が成功して、六月の終わり頃に退院することになりました。その後すぐに致知出版社の講座に出席するつもりでいたところ、退院前日になって手術した箇所の調子が悪いことがわかり、緊急手術をすることになりました。手術は退院予定の前日の夕方の七時三十分から始まりました。今度は簡単に一時間くらいで済むだろうと思っていたら、やはり三時間くらいかかりました。

この二回目の手術の後、もう向こう側に行くのだろうなと思いました。ワイフが一年ほど先に逝っているものですから「まあええわ」という気持ちにもなって、あまり生きる気もなかったのです。しかし、致知出版社の講座はどうしようと考えました。このとき、ちょっと気の迷いが出ました。自分はもう向こうへ行くつもりでいるけれども、そうなると致知出版社にもご迷惑をかけることになるし、全国から集まる皆さんも急に中止ということになると大変なご迷惑をかけることになる。これは一つ早めに中止を申し込んでおくほうがいいだろうと思いました。

それで子どもに相談をしました。「それはそうですな」と賛同してくれるかと思いきや、娘は「行きなはれ」というのです。なんと無慈悲な娘かと思いましたが、最後は医者の判断を要するという結論になって、翌日、医者に相談をしました。この医者なら「やめておけ」というだろうと、実は密かに思うところがありました。ところが、無慈悲にも「行きなはれ」というのです。こうなると断るわけにもいきません。

結局、自分の足で歩くには十分ではないので、前講もお話ししたように、前日に病院から車椅子で新幹線に乗って東京まで行って、車椅子に座ったまま演壇に上がりました。そうしたらなんとかもちまして、その日のうちに病院に帰ってきたのです。

まあそういうことで、向こう側に行く覚悟はできていたけれども、向こうで受け付けてくれなかったというわけです。そうこうしているうちに、だんだん元気が回復してきて退院をするということになりました。

それから家庭療養に入り、歩くのもリハビリで杖をつくことを教えてもらってヒョコヒョコ歩いておりましたが、えらいもので退院して家に帰ってみると部屋の中では杖なしに歩けるのです。しかし、散歩をするにはやはり杖が頼りで、杖をつきながら歩いていたのですけれど、あるとき、思い切って杖をつかずに歩いてみたら歩けるのです。それからは杖なしで歩いて、いつのまにやら杖を忘れました。

これは余談のようだけれども、私は三十の年に真向法という柔軟体操を始めました。私はサッカーをやっていたのですが、身体が硬いためにポジションが限定されてしまって、防御専門で前のほうをやらせてもらえない。それがちょっと悔しく思って、体を柔かくしようということで始めたのです。約一年くらい続けたら、ほぼ完全にマスターしました。その後、サッカーはやっていませんが、真向法は約六十年間ずっと続けてきました。

あるとき、ある人が幼稚園児の孫を連れて私を訪ねてきました。その孫が真向法をやるというので、じゃあ一緒にやろうかといってやってみたところ、私のほうが柔軟でした。その子は大変に負けん気が強くて、負けたことを非常に残念がり、帰るときに「今度来るときは先生よりも僕のほうができるようになる」といって帰っていきました。その後、その子と対決する機会はありませんので、どれくらい上達しているかはわかりませんが、私のほうは、今では真向法の先生よりもよくできるくらいです。

ところが、手術の後、傷口が癒えるまではと思って三か月ほど休んでしまいました。それでまた始めたところ、非常に体が硬くなっていました。そこで、一日に一ミリずつでも続ければ元に返るだろうと思ってやり始めたのですけれど、えらいもので一か月もしないうちにだいたい元のように柔らかくなってきました。

だから、年をとったからといって諦めてはいけませんね。気持ちの問題だと改めて思いました。これは年寄りの経験者のいうことですから、素直に聞いていただきたいと思います。

そういうようなわけで、人間の生死というものは実に不思議なものであります。最近、私の身近な人が二人亡くなりました。一人は女性で八十二歳でした。もう一人は男性で非常に元気そうだったのに、同じ八十二歳でひょいと亡くなってしまいました。私より十歳以上も若い。私のように、たびたび生命の危機に遭いながらも生き永らえているのもいるし、老少不定といいますか、人の命は自分自身では左右のできないものだとしみじみ感じております。

❖孔子の発する光に集まった門弟たち
――孔子学校の誕生

今までもお話ししてきましたが、孔子は紀元前五五一年に生まれて前四七九年に数え年七十三で亡くなりました。今でこそ七十なんてまだ年寄りのうちに入らないといわれますが、唐の時代には杜甫が「七十古来稀なり」といって、そこから七十を古希というようになりました。孔子が生きていたのは杜甫の時代よりも随分前ですから、その時分の七十三というのは相当な長生きです。今でいえば、私の年くらいでしょう。ですから、当時としては天寿を全うしたということができると思います。

しかし、必ずしも優れた人物が長生きするとか、社会的に有名な人が長生きするということはありません。王陽明という人は五十七歳で亡くなっていますし、弘法大師のような人でも六十そこそこで亡くなっています。あんなに徳の高い方たちが六十前後で亡くなるのですから、人間の命というものはわかりません。非常に不思議です。

すでにお話ししたように、孔子という人は決して社会的に幸せな生き方をした人ではありません。第三夫人の子どもであって、しかもお父さんは孔子が二歳か三歳のときに亡くなってしまいます。その後、若いお母さんはおさな児の孔子を伴って、魯という国の都に移って生活を始めますけれども、経済的にも恵まれてはいませんし、おそらく孔子は正式な学校には通えなかったものと思われます。

ただ、生まれ持った素質は非常によかったのでしょう。また体も頑健でした。孔子は長じて二メートルを超える大男になり、「長人」というあだ名がつくほどでした。

孔子が十七歳のとき、お母さんが急に亡くなりました。お墓に埋めるにあたって、お父さんの墓場を探したものの、すぐにはわからなかったようです。ようやくある老人の言葉から場所が判明して、そこで一緒に葬られることになるのです。

母の死後、孔子は十九歳のときに結婚をし、二十歳のときに長男が生まれます。しかし、相変わらず地位は低いままで、生活のために大いに働かなければなりませんでした。そういう中にあって、孔子は立派な人間になろうと十五の年に聖賢の学に志して、余人が想像できないくらいに学問を追究していきます。孔子という人は自分を語ることの少なかった人ですけれども、自ら「誠のある立派な人物はどこにでもいるが、自分くらい学問を好むものはない」というくらいに熱心に人の意見を聞き、あるいは書物を読み、立派な人物になっていくのです。

人間というものは初めから立派なわけではありません。磨けば光る金剛石も、磨かなければ普通の石ころと変わりません。孔子は非常なる努力を継続して、自らを磨いていったのです。するとそのうちにだんだん光を放つようになってきました。

人間は普通に生きていれば同じようなものですが、磨き続けるうちにその成果が少しずつ内側に滲み込んで充満してきます。やがてそれが光となって外に表れてくるのです。自分では何も意識しなくても、人から見て「ああ、この人は年に似合わず立派だな」とわかるような輝きを発するようになるのです。

孔子の場合であれば、すでに三十になる頃には同年輩の人たちとは比べものにならないほど人間的に成長していました。そういう孔子を見て「同じ年齢なのに自分とはえらい違いだ」と思い、孔子について学びたいという者が一人増え、二人増えしてきました。そこで意を決して、三十の頃に孔子学校を開くわけです。

この孔子の歩みについては、以前にもお話ししたと思います（『人はいかにして大成するか』致知出版社刊）。その話を始めると今日の講題になかなかいきませんのでここまでにしておきますが、孔子はそういうふうにして三十代を迎えるのです。

それからはいろいろと変化がありました。社会的には大臣にもなり、時には総理大臣代行まで務めるというくらいに高い地位にも昇りました。しかし、それは長続きせず、旧勢力に阻まれて自分の理想を実現することはできませんでした。その結果、孔子は妻子を魯の国に残し、自分を本当に必要としてくれる人を求めて十四年間も各地を巡るのです。それは一面からすると就職活動をして回っているようなものです。認めてくれる人がいればそこで就職して、定着したところで妻子も呼ぶつもりであったのかもしれません。けれども、なかなか認めてもらえず、非常な苦労をします。ですから、生活も決して安定しているわけではなかったのです。

しかし、そんな先生の後についていって教えを受けている弟子たちがいました。これは先生に対する尊敬の念があればこそでしょう。先ほどもいいましたように、人間には内側から発する光というものがあるのです。そして自分を向上させようとする者は、そういう光を発する先生について学びたいと考えるものです。

皆さんもご承知の王陽明という人もずいぶん苦労をしています。陽明は武人ではありませんが、その方面の才能もあったのでしょう、反乱軍を鎮定する役について戦争に行きます。すると、その後を多くの弟子がついていきました。弟子たちは戦争に行くのではなくて、ちょっと暇なときに先生に教えを受けようというわけです。

これもお話ししましたけれど、王陽明の影響も受けて日本で一番の聖人として仰がれる中江藤樹先生も、故郷に一人暮らすお母さんの身を案じて、孝養を尽くすべく、武士として相当の地位にあったのに辞職を願い出ています。ところが、藩がそれを許してくれなかったので、二十八歳のときに思い切って脱藩するのです。脱藩して捕まれば切腹させられるかもしれないけれど、それを覚悟の上で故郷に帰ってくるのです。

しかし、母を養っていかないといけないし自分の生活もあるというので、居酒屋を始めます。今までは帯刀して一般の人を見下ろす立場にあった者が、刀を捨てて、酒屋をやるというのですから、よくやったものだと思います。

すると、脱藩した大洲藩から若い者や年を取った者までが藤樹先生の教えを受けるために近江までやってきました。それでいつの間にやら、藤樹書院という学校ができることになりました。

これは余談になりますけれども、中江藤樹が書いたといわれる書に署名がある場合、もしも「藤樹」と書いてあるとするとそれは偽物です。藤樹というのは自分がつけた名前ではありません。藤樹先生の家に大きな藤の木があったところから、土地の人が藤樹先生と呼び、そしてその勉強部屋を藤樹書院と呼ぶようになったのです。ですから、藤樹先生の自筆の書には「藤樹」という署名は入るわけがないのです。時々、藤樹の名前を付けて高値で売っている書がありますけれど、偽物ですので気をつけてください。

このように、陽明にしても藤樹にしても人間が立派なために、戦争に行こうが酒屋になろうが、そういうものを超えて師事しようとする者たちが現れたのです。孔子も同様です。次から次へと訪ねてくる者があり、おのずから学校という形になっていったものと思われます。

そのようにして孔子の元には数多くの人が集まります。そうした数多くの門弟の中に一人、孔子が「この人物は私の後を継いで、自分を乗り越えてさらに進んでいくだろう」と見た弟子がいました。これが前講もお話しした顔回（顔淵）という弟子でした。

今日は前講に引き続き、最も親しい顔回を失った孔子の悲しみを語りつつ、顔回という人を偲んでみたいと思います。

❖謙虚にして聖賢の学を好んだ顔淵
――未だ學を好む者を聞かざるなり

まず『論語』公冶長第五にある章を見てみましょう。これは顔淵と季路（子路）、つまり子路が孔子のおそばにいたときの会話です。

顔淵《がんえん》・季路《きろ》侍《じ》す。子曰《のたま》わく、盍《なん》ぞ各々《おのおの》爾《なんじ》の志を言わざる。子路《しろ》曰《い》わく、願わくは車馬《しゃば》衣裘《いきゅう》、朋友《ほうゆう》と共にし、之《これ》を敝《やぶ》りても憾《うら》むこと無からん。顔淵曰わく、善に伐《ほこ》る

こと無く、労《ろう》を施《ほどこ》すこと無からん。子路曰わく、願わくは子の志を聞かん。子曰《のたま》わく、老者《ろうしゃ》は之を安んじ、朋友は之を信じ、少者《しょうしゃ》は之を懐《なつ》けん。


顔淵と季路（子路）が先師のそばに侍っていた。

先師が話しかけられた。

「どうだ、めいめい自分の理想を話し合ってみないかね」

子路がいった。

「立派な馬や車、衣服や毛皮を友と共に使って、やぶれても惜しいとは思わないようにありたいものです」

顔淵がいった。

「善い行いをしても人にほこることなく、骨の折れることを人におしつけることのないようにありたいものです」

子路が先師に「先生のお志もお伺いしたいものですね」といった。

先師がいわれた。

「年寄りたちの心を安らかにし、友達とは信をもって交わり、若者には、親しみなつかれるような人間になりたいね」

子路というのはなかなか面白い人です。この子路の理想というのは「車馬衣裘、朋友と共にし、之を敝りても憾むこと無からん」というものであった、というのです。この時分は貧富の差が随分ありました。一緒に勉強している仲間内でも、馬車に乗ってくる者もあれば、とぼとぼ歩いてくる者もいるというように、その差は万別でした。これも余談になりますけれども、朋友の「朋」という字は「肉（にくづき）」で「腹を同じくする」「身体と身体を寄せ合う」という意味があります。だから朋友というのは、身体と身体を寄せ合うような親しい友をいうのです。

私は昔の旧制中学で漢文を教えていましたが、戦後しばらく印刷屋で職工をしていたことがあります。今と昔では印刷概念が全然違っていて、昔は植字といって原稿を見ながら一字一字文字を拾って活版を組み立てていきました。しかし、文字を拾うといっても四千字も五千字もあるので大変な作業でした。

私はその当時、お金がなくて一日二食しか食べませんでしたので、お昼には職場をあちこち回っていました。あるとき植字課に行くと、そこの人たちが「同袍という字の袍は朋友の朋が正しいんやないか」「でも原稿には袍の字が書いてあるんや」「それはどうもおかしいな。間違いやないか」と言い争っていました。

私は漢文の先生でしたから漢字のことはある程度知っています。そこで間に入って、「ここでは袍が正しいんや」といいました。しかし、それだけではなかなか信用しないものですから、廣瀬淡窓の詩の中にこの「同袍」という字が使われているよ、と教えてやりました。次の詩です。

道《い》ふことを休《や》めよ、他郷苦辛《くしん》多しと。
同袍《どうほう》友有り　自ら相親しむ。
柴扉《さいひ》暁に出づれば　霜雪の如し、
君は川流を汲め　我は薪を拾はん。

漢文を勉強した方はご存じと思いますが、ここで使われている「同袍」は衣に包むと書いて「着物」「上着」を意味します。昔の学生は貧乏人が多くて、それほど裕福な家庭に育った者が少なかったから、生活を切り詰めて同じ着物を年中着ていました。外出しようと思っても着物がないので、そういうときはちゃんとした着物を持っている友達から借りたりしたものです。そして、そのように着物を同じくするところの親しい友を「同袍」といったのです。

ということを説明したところ、みんなえらく喜んで「どうぞ先生、食べて」と皆からパンをもらいました。

そういうことで話を本筋に戻しますと、子路という人はなかなか思い切りのいい性格で、友達を思いやる気持ちも強かったから「自分の馬車や着物を友達と一緒にして、友達がそれを破っても残念だとは思わないようにありたい」といったわけです。いかにも子路らしい言葉です。

一方、顔淵は「自分は良い行いをするけれども、それを鼻にかけることなく、人に労働を強いるようなことはしないようでありたい」といいました。これも顔淵らしい謙虚な答えです。

子路は「先生の言葉を聞きたい。先生はどうですか？」と孔子に聞きました。すると孔子は「年寄りたちの心を安らかにし、友達とは信をもって交わり、若者には、親しみなつかれるような人間になりたいね」といったわけですが、これは「年寄りは安らかに生活をし、友達同士はお互いに嘘偽りはなく、若い者は心からなついてくる。そういうような世の中ができることを望んでいる」というふうに解釈してもいいでしょう。

それぞれの理想の語り方にそれぞれの性格がよく表れていると思います。

続いて雍也《ようや》第六にある言葉を見てみましょう。ここで孔子は顔淵について次のように述べています。


哀公《あいこう》問う、弟子《ていし》孰《た》れか學を好むと爲《な》す。孔子對《こた》えて曰《のたま》わく、顔回なる者有り、學を好めり。怒《いかり》を遷《うつ》さず、過《あやまち》を貳《ふた》たびせず。不幸短命《ふこうたんめい》にして死せり。今や則《すなわ》ち亡《な》し。未だ學を好む者を聞かざるなり。

哀公が「弟子の中で、誰が本当に学を好むと思うか」と尋ねられた。

先師が答えられた。

「顔回という者がおりました。彼は怒りを自分に関係のない者にまでうつさず、過ちを二度と繰り返しませんでしたが、不幸にも若死にをしまして、もうこの世にはおりません。それからは、本当に学を好む者はいないようでございます」

哀公というのは孔子が生まれ育った魯の国の殿様です。その殿様が孔子に「お前の弟子の中で本当に学問を好む者がおるか」と聞くわけです。それに孔子が答えていうには「顔回という者がおりました」と。

本当に学問を好むというのは、なかなかないことです。当時の学生が必ずしも学を好んだとはいえません。勉強して、いい成績をとって、いい勤め先に紹介されて役人になることが、当時、学校に行く者の一つの希望であったのです。

ところが顔回は本当に学問を好みました。学問を好むとは、自己自身を立派にしていくための聖賢の学を好んだという意味です。その顔回の日常の生活を見ると、たとえ怒ってもその怒りを何も関係のないところに向けたりはしなかったし、過ちは二度と繰り返さなかったと孔子は評しています。

過ちは罪とは違います。自分では正しいと思ってやったけれども、それが間違っていた。これが過ちです。だから、その過ちに気がついたならば同じ過ちを二度としない。顔回はそういう人だったというのです。これは言うべくして容易なことではありません。

ところが、不幸にして顔回は四十そこそこで亡くなりました。彼が亡くなってしまってから後、孔子は本当に学を好む者を知らないというのです。

孔子は多くの子弟を教育しながら、本当に心から自分を立派にしようとして学問をしている者は少ないと見抜いていたのでしょう。ほとんどの者が立身出世の一つの手段として学んでいたので、一生懸命勉強しているかの如くに見えるけれども、そもそもの目標が違うわけです。今の予備校の生徒のようなもので、鉢巻きを締めていかにも熱心に勉強しているけれども、その第一の目標は自分を磨くというより志望校に合格することでしょう。しかも、今はそれが幼稚園から始まっています。孔子の時代も、大部分の学生はそういう部類であったのでしょう。今も昔も、この傾向はそれほど変わりません。

そういう背景があるものですから、孔子は顔回が非常に早く亡くなったことを惜しみながら、殿様にこのように返事をしたのです。

❖孔子が感動するほどの顔淵の貧乏生活
——回や其の樂しみを改めず。賢なるかな回や

同じく雍也第六で、孔子は顔回について次のように述べています。

子曰《のたま》わく、賢《けん》なるかな回《かい》や。一簞《いったん》の食《し》、一瓢《いっぴょう》の飲《いん》、陋巷《ろうこう》に在り。人は其《そ》の憂《うれい》に堪《た》えず、回や其の樂しみを改《あらた》めず。賢なるかな回や。

先師がいわれた。
「顔回は、なんと立派な人物だろう。一膳の飯と一椀の汁物しかない貧しい長屋暮らしをしておれば、たいていの人は、その苦しみに堪えられないものだが、回はそんな苦境にあっても楽しんで道を行って変わることがない。なんと立派な人物だなあ、回は」

ここで語られているように、顔回は非常な貧乏生活を送っていました。そうした中でも楽しんで道を求めていたというので、孔子は感嘆しているのです。ここからも孔子が顔回を非常に高く評価していたことがわかります。『論語』の記述にはありませんが、孔子は顔回について「あいつはなかなか立派だから、もう少し裕福であったら私はその執事になってもいい」というくらいでした。

曲阜《きょくふ》の孔子廟の近くに顔回の御廟が残っています。私が孔子廟をお参りして驚いたのは、賽銭箱が置いてなかったことです。他の廟にもありませんでした。ところが、顔回の御廟にだけは賽銭箱が置いてあるのです。

顔回の御廟もなかなか立派に復興されていましたけれども、にわか拵《ごしら》えなのでしょうか、外から中が透けて見えるようなプラスティックか何かでできた箱が置いてありました。これが賽銭箱で、中にはお賽銭がたくさん入っていました。中国では、新しい札より古い札のほうが値打ちがあります。新しい札には時々偽物が交じっているけれど、古い札はあちこちで使われたものなので信用があるわけです。そして、その賽銭箱には古いお札がぎっしり詰まっていました。

それを見て、顔回というのは孔子もその貧乏に感動するくらいだったから、それを偲んでお賽銭をあげているのだなと気づきました。私も日本の千円札を賽銭箱に入れました。

その時分は中国と日本の貨幣価値は二十倍くらいの差がありましたから、千円というのは二万円くらいに相当します。日本でも千円のお賽銭はあげたことがなかったのですが、そのときは顔回の貧乏を偲んで大枚千円を入れたのです。最近、この顔回の御廟は修復されて非常に立派になっているそうです。

顔回の子孫も今に残っています。先に故人となりましたが、七十六代の顔景新《けいしん》さんは彫刻家で、日本でいうと国宝級の人です。イギリスのサッチャーさんが中国を訪問したときに、この人がつくった彫り物を土産に差し上げたそうです。また、大阪、名古屋、和歌山に孔子像をつくったときに、その像を彫ったのが、この方でした。私もお目にかかって非常に親しみを覚えました。

さて、次は述而第七にある会話を見てみましょう。

子、顔淵《がんえん》に謂《い》いて曰《のたま》わく、之《これ》を用うれば則《すなわ》ち行い、之を舍《す》つれば則ち藏《かく》る。唯《ただ》我と爾《なんじ》と是《こ》れ有るかな。子路《しろ》曰《い》わく、子三軍《さんぐん》を行《や》らば、則ち誰《たれ》と與《とも》にせん。子曰《のたま》わく、暴虎《ぼうこ》馮河《ひょうが》、死して悔《くい》なき者は、吾《われ》與にせざるなり。必ずや事に臨みて懼《おそ》れ、謀《はかりごと》を好みて成さん者なり。

先師が顔淵に向かっていわれた。

「用いられれば、自分の信念によって堂々と行い、用いられなければ、退いて静かに一人道を楽しむ者は、ただ私とお前くらいかな」

子路はこれを聞いて先師に尋ねた。

「もし全軍を動かして戦うときには、先生は誰と共になさいますか」

先師が答えられた。

「虎を手打ちにし、大河を徒歩《かち》で渡り、死んでも悔いないような無謀な者と私は一緒にしない。誰かと一緒にというなら、戦に臨んで恐れるくらいに計画を綿密にしてやりとげようとする者とだなあ」


子路は非常に勇気があって、時には暴力を振るってでも事を成そうというくらいの人でしたから、孔子が顔回を評していった「用いられなければ、退いて静かにひとり道を楽しむ」というような心境などはわからなかったでしょう。

そこで子路は「もし戦争でもやるとするならば、顔回と一緒にやりますか、私と一緒にやりますか」と孔子に迫るわけです。戦いとなれば顔回よりも自分を選ぶだろうという思いが子路にはあったのでしょう。そうしたら孔子は「お前のような無謀な者とは私は一緒にしないよ」と答えます。これはなかなか面白いやりとりです。孔子はその人を見て、どうあるべきかという教えを説いているわけです。

❖情理によって結びついていた孔子と顔淵
――子在す。回何ぞ敢えて死せん

このように孔子は顔淵を非常に高く評価しているのですが、一方の顔淵は孔子をどう見ていたのでしょうか。これは前にもお話ししたと思いますが、もう一度見てみましょう。子罕《しかん》第九にある次の章です。

顔淵《がんえん》、喟然《きぜん》として歎《たん》じて曰《い》わく、之《これ》を仰《あお》げば彌《いよいよ》高く、之を鑽《き》れば彌堅《かた》し。之を瞻《み》るに前に在り、忽焉《こつえん》として後《しりえ》に在り。夫子《ふうし》、循循然《じゅんじゅんぜん》として善く人を誘《いざな》う。我を博《ひろ》むるに文を以てし、我を約《やく》するに禮《れい》を以てす。罷《や》めんと欲すれども能《あた》わず。既に吾《わ》が才を竭《つ》くせり。立つ所有りて卓爾《たくじ》たるが如《ごと》し。之に従《したが》わんと欲すと雖《いえど》も、由末《よしな》きのみ。

顔淵が「ああ」とため息をついていった。
「仰げば仰ぐほど高く、切れば切るほど堅い。前にあるかと見ていると、たちまち後ろにある。ところが先生は、順序を立てて上手に人を導かれる。私の識見をひろめるのに各種の書物や文物制度を以てせられ、私の行いをひきしめるのに礼を以てせられる。やめようかと思っても、やめることができない。自分の才能のあらん限りを尽くしてみても、先生は自分の立つ所があってそびえ立っているようだ。先生の後に従っていこうと思っても、どうも手だてがない」

顔淵にしてみれば、いくら先生に褒められたとしても到底先生には及ばないという気持ちだったのです。「仰げば仰ぐほど高く、切れば切るほど堅い。前にあるかと見ているとたちまち後ろにある」という顔淵の言葉は、孔子の途方もない大きさを表しています。

この「之《これ》を仰《あお》げば彌《いよいよ》高く、之を鑽《き》れば彌堅《かた》し」から「鑽仰《さんぎょう》」という言葉ができてきます。「鑽仰」といってもあまり耳にすることがないかもしれませんが、内容は豊富なものがあります。
茨城県の水戸に水戸光圀《みつくに》公を祭る常磐神社というお宮があります。その境内に安岡正篤先生の書かれた「鑽仰」という文字と水戸光圀公について書かれた文章が彫られた大きな碑があります。ご苦労されて書かれた、なかなかの名文です。その地に行かれる折には、ぜひご覧になってください。

さて、『論語』の中には今あげた以外にも顔回に関する文章がいくつも出てきますが、最後に先進第十一にある文章を見ておくことにしましょう。

子、匡《きょう》に畏《い》す。顔淵後《がんえんおく》れたり。子曰《のたま》わく、吾女《われなんじ》を以《もっ》て死せりと爲《な》す。曰《い》わく、子在《いま》す。回《かい》何ぞ敢《あえ》て死せん。

先師が匡の地で恐ろしい目にあわれたとき、顔淵がひとり遅れて追いついた。先師は喜んで「私は、お前がてっきり死んだものと思っていたよ」といわれた。

顔淵は「先生がおられますのに、私がどうして先に死ねましょうか」と申し上げた。

顔淵も孔子と一緒に流浪の旅に出ていました。その途中、匡という土地で孔子が命の危機に瀕《ひん》しました。孔子ほどの人でも危ない目に引っかかることはあるのです。そこに顔淵が遅れてやってきたので、孔子は喜んで「私はお前がてっきり死んだものと思っていたよ」といいます。

非常に厳しい状況の中で顔淵がなかなかやってこないものだから、孔子も「顔淵は死んでしまったのかもしれない」と心配していたのでしょう。そんなところにようやく顔淵がやってきた。そのときに孔子の喜びはどれほどのものであったでしょう。そんな喜ぶ孔子に、顔淵は「先生がおられるのに、私はどうして死ねましょうか」と申し上げるのです。これは「先生が生きている限り、私は先生を守ろうと思う」といっているのでしょう。そういう決意を顔淵は内側に秘めていたのです。

この師弟の関係は、涙なくしては読めません。師弟の間にはこういった人情というものが必要です。いや、それは師弟に限りません。人間と人間を結びつけるには、人情というものがとても大切な役目を果たします。

初めに申しましたように、人間は偶然に動いているものではありません。必ず決まった法則に則って動いています。その法則のことをいろいろ表現します。たとえば「真理」あるいは「道理」、「哲理」といった言い方もあります。これらは非常に大事な法則ではありますが、もう一つ大切なものに「情理」というものがあります。人間には、この情理というものが絶対に必要なのです。

孔子が亡くなってから二千五百年経った今日、その子孫が残り、民衆から仰ぎ見られている一番の根本は、孔子に情理があったというところにその理由があります。『論語』の子路第十三に、次の章があります。

葉公《しょうこう》、孔子に語りて曰《い》わく、吾《わ》が黨《とう》に直躬《ちょくきゅう》なる者有り。其《そ》の父、羊を攘《ぬす》みて、子《こ》之《これ》を證《しょう》す。孔子曰《のたま》わく、吾が黨《とう》の直《なお》き者は是《これ》に異《こと》なり。父は子の爲《ため》に隱《かく》し、子は父の爲に隱す。直きこと其の中《うち》に在り。

葉公が先師に世間話をして
「私の村に正直者と評判のある躬《きゅう》という者がおります。彼の父が羊を盗んだのを訴え出て、証人となりました」

といった。

先師がいわれた。

「私のほうの村の正直者は、少し違います。父は子のために隠し、子は父のために隠します。このように、父と子が互いに隠し合う中に、人情を偽らない本当の正直があると考えます」


葉という場所の長官が「私のところに正直者がいて、彼は父親が羊を盗んだことを証言する証人になった」といったのに対して、孔子は「父と子がお互いのために隠し合うというのが本当の正直というものではないかと思う」と返答しているわけです。

これはちょっと誤解を生みそうな言い方ですけれど、孔子は何も法律を破ることがいいといっているわけではありません。また、家の外の人を騙すことを推奨しているわけでもありません。ここを間違えてはいけません。孔子は、親子の間であれば人情として悪いとわかっていても隠し合うところがあってしかるべきではないか、といっているのです。

これは親子に限らないでしょう。会社などでも内側の事情を外に吹聴するのではなく、お互いに隠してかばい合うことが必要な場合もあります。ここにある「党」という字は、本来は「互いに隠し合う集い」を意味します。内輪の話を外へ持っていってバラすのは党ではないのです。

近年、絆ということがよくいわれますが、その絆の内容にはこういう情理が含まれていなくてはいけないのです。孔子と弟子たちの間には、その情理がありました。だから弟子は先生を非常に信頼し、かつ親しみました。互いの間に人情があったからこそ、そういう雰囲気が生まれたのです。

現在の社会は内部告発が推奨されるようなところもありますが、これは大いに考えなければならないと思います。中国共産党が興ったときは、内部告発で子が親を訴えるということが推奨されていました。劉少奇という実力のある政治家がいましたが、この人は実の娘によって訴えられて失脚しました。一方、訴えた娘は英雄として称賛されました。しかし、こういうことはたとえ一時的にはうまくいったとしても、そんな風潮が蔓延したら誰も安んじて生きていくことは難しいでしょう。

孔子と顔淵の間は、情理によって結ばれていました。孔子の弟子たちの子孫が年代を超えて先祖を尊び、今日まで至るというのも、孔子の教えの中に情理があるからです。そこに人間味というものがあるから、子孫たちは先祖を誇りとしているのです。

そういうことで、人間には情理というものが必要なのです。情理によって結ばれた関係は、そう簡単に切れるものではないということをお伝えして、今回の講義の終わりとさせていただきます。

第四講

窮地に立ってわかる人間の真価

❖優れた人物ほど多くの苦難を乗り越えている

この講座も四回を迎えることになりました。振り返りますと去年の六月七月は私も病気をいたしまして、入院をしたり、また病後の療養に明け暮れしておりました。本年はお陰でだいぶ元に返ってきたような感じで、昨年のことが嘘のような感じがいたします。いつまでできますかわかりませんけれども、生きているうちは何かのお役に立てばと思っております。

さて、皆さんの中には、君子すなわち立派な人というのは世間的に困ることなどないだろうと思う人があるかもしれません。しかし、孔子の人生を辿ってみますと、幾度も汲々とした行き詰まりの状態に落ち込んでいることがわかります。考えようによると、優れた人物ほど余計にいろいろな面で瀬戸際に追い込まれるものなのかもしれません。それを乗り越えてきたからこそ、人間が磨かれていったといえるようにも思います。

何度も繰り返すように、孔子は決して恵まれた人ではありませんでした。第三夫人の子として生まれてくる。しかも、お父さんは六十を過ぎているのに、お母さんは十六歳という非常にいびつな形です。そして孔子が二歳あるいは三歳の頃にお父さんは亡くなります。おそらく、孔子は父の顔をほとんど記憶にとどめていなかっただろうと思われます。

そういう複雑な家庭でもありましたので、二十歳になるかならないかのお母さんは幼い孔子を連れて都会に出て、孔子を養育しながら生活をしていきます。その間は決して普通の子どものように恵まれていたとはいえないでしょう。昔は生まれによって士農工商というような階級制度が中国にもありましたから、孔子は士の階級、いわゆる指導者階級の子ではあったわけです。しかし、その扱いを受けるようになるのは随分後になってての話です。

孔子は十七歳でお母さんを亡くし、十九歳のときに結婚をします。もうお母さんも亡くなったし、異母きょうだいはたくさんいたけれども身内と呼べるような人は誰もいなかったという理由もあったのかもしれません。当時としては必ずしも早い結婚ではなかったとは思いますが、早々に結婚をし、そして二十歳のときには長男が生まれています。

この頃はまだ高い地位にあったわけではありませんので、経済的なゆとりもなかったでしょう。孔子は家族の生活を支えるために一生懸命に働き、その間に熱心に勉学にいそしみました。

その姿勢は七十三歳で亡くなるまで、一生涯続きました。一時は大臣にもなり、位も高くなり、経済的にも恵まれたときがありましたけれども、それは僅かの期間にすぎませんでした。その後、妻子を残して天下周遊を十四年間も続けて、帰ってきたときには奥さんは亡くなっており、長男も間もなく亡くなりました。後にただ一人、まだ幼い孫の子思が残りました。

家庭的に恵まれていたとはいえませんし、社会的にも成功者とは決していえませんけれども、世界の代表的聖人に数えられる人の中で孔子だけが穏やかな最期を迎えています。釈迦は旅先から故郷に帰る途中に沙羅双樹の下で亡くなりますし、キリストは残酷な十字架に架けられて亡くなりました。ソクラテスも自ら毒杯をあおって亡くなっています。孔子のみが家の中で弟子たちに囲まれ、また残された孫を見ながら亡くなっていくのです。そしてその教えは孔子の名前とともに二千五百年後の今日、まだ人々の心の中に生きているのです。

❖短い言葉の中に込められた永遠の真理

今回は孔子の生い立ちを追いながら、その人となりを類推していきたいと思います。類推するというのは、ちゃんとした伝記が残っているわけではないからです。

孔子の伝記として一番正確といわれるものは司馬遷の『史記』に収められている「孔子伝」です。しかし、司馬遷は孔子が亡くなってから何百年も後の人です。その人が歴史的な眼をもって各地を経巡りながら孔子の生涯を綴ったのが「孔子伝」ですから、そこには司馬遷の先入観も入ってくるでしょう。火のないところに煙は立たないといいますから、記述されていることに近い出来事はあったのだろうと考えられますが、「孔子伝」にそう書いてあるからといって一から十まで本当だと信じることはできません。

そういうわけで孔子の実像を見定めるのはなかなか難しいのですが、これから二千五百年の昔を想起しながら考えてみようと思います。そのためにもっとも役に立つのは、やはり『論語』でしょう。『論語』は『史記』よりも四百年も前にできた書物であり、孔子の生《なま》に近い言葉を伝えていると考えられます。ですから、ここに書かれた孔子の姿が実物に一番近いものであろうと思われるのです。

前回もお話ししましたけれど、『論語』の文章は一章が非常に短いのが特徴です。とくに孔子の言葉は短いものが多いのですが、その短い中に非常に深い意味が込められています。孔子は苦労に苦労を重ね、学問もし、生活もしてきました。その証しが非常に短い言葉の中に凝集されているのです。それゆえに、人生に苦労が多かった人、そういう経験を積んできた人から見ると、そこに無限の想像がなされるわけです。

そこでまず今回も孔子の代表的な言葉を数か所拾い上げて、孔子の姿に迫ってみることにいたしましょう。最初は爲政第二にある言葉です。

子曰《のたま》わく、君子は器《うつわ》ならず。

先師がいわれた。

「できた人物は、特定のはたらきを持った器のようではない」

人物を表現するのに「器が大きい」とか「器が小さい」というように「器」という言葉を使うことはご承知のとおりです。ここでは「うつわ」ではなくて「き」と読みますが、意味は「うつわ」と同じです。

この「うつわ」というものは皆、それぞれの働きを持っています。たとえば、われわれがご飯を食べるときには、お茶碗に飯を盛って食べるでしょう。お汁の場合にはお椀のようなもので食べますし、お茶を飲むときには湯呑みを使います。このように、器はそれぞれの形を持ちながら、またそれぞれの働きを持っています。貧しい人は一つの器でご飯を食べ、汁や茶を飲むかもしれませんが、それは例外というもので、普通はそれぞれの用途に合わせた器を使います。

では、「君子は器ならず」とはどういうことか。これは「立派な人物というのは限られたはたらきを持つ器のようなものではない」あるいは「君子というのは一目でそのはたらきがわかるような人ではない」といっているのです。

孔子は自らを君子といっているわけではありませんが、まさに孔子自身が「器ならず」と表現されるような人物であったことは確かなところでしょう。

次に里仁第四にある言葉を見てみましょう。

子曰《のたま》わく、朝《あした》に道を聞けば、夕《ゆうべ》に死すとも可《か》なり。

先師がいわれた。

「朝に人としての真実の道を聞いて悟ることができれば、夕方に死んでも悔いはない」

これも非常に短いのですが、よく知られている言葉です。「朝に真実の道を聞いて悟ることができれば、夕方に死んでもいい」といっています。言葉の意味だけを読むと何もそう大したことをいっているように思えませんが、これは実に深いことをいっています。この言葉が孔子の口より発せられて二千五百年後の今日まで生き続けているのは、この深さゆえといっていいと思います。

後世の学者の大部分はこれをすうっと通り越してしまいますが、この言葉の重要なることを少しくお話しいたしましょう。

孔子は「十有五にして学に志し、三十にして立ち、四十にして惑わず、五十にして天命を知り、六十にして耳に順い、七十にして心の欲する所に従えども、矩《のり》を踰《こ》えず」というように、生涯を通じて人間を完成していきました。その過程としてこの「朝に道を聞けば」という言葉が出てくるのです。

けれども、「朝に道を聞けば夕方には死んでもいい」というのは簡単にいえる言葉ではありません。普通の人であれば、朝に道を知ったのなら、それを世のため人のために伝えていきたいから長生きをしなくてはいけない、と考えるはずです。それでこそ道を知った意味があるはずなのに、孔子は「もう死んでもいい」といっているのです。どういう心境でこういったのでしょうか。

実はこれは、孔子がギリギリまで追い詰められたことを表している言葉なのです。机の上で古い書物を読んでわかったような顔をしている学者は、ただ言葉の意味だけを追いかけて素通りしていきますが、孔子が追い詰められていたという点に気づくことが、孔子の飛躍を知る一番の基本になるのです。それほど重要な内容を僅かな文字で表現しているのです。

現実社会の中で経験を積んで苦労した人がこの一文を見ると、決して簡単には通り過ぎることができません。『論語』を学ぶ究極の意味は、実はここにあります。「朝に道を聞けば、夕に死すとも可なり」という短い文章に込められた意味を説明するためには、本人自身が経験を積んでいなければわからないのです。

これについては、後で再び触れたいと思います。

次に陽貨《ようか》第十七にある言葉を見てみましょう。

子曰《のたま》わく、郷原《きょうげん》は徳の賊《ぞく》なり。

先師がいわれた。

「八方美人は、徳をそこなうものだ」

これも非常に短い言葉です。漢字で書けば「郷原徳賊」と僅か四文字です。しかし言葉で綴っていこうとすると、限りなき内容を含んでいます。これによく似た意味の言葉が『論語』の中に二回出てきます。それは「巧言令色鮮《こうげんれいしょくすく》なし仁」という言葉で、学而第一と陽貨第十七に出てきます。

子曰《のたま》わく、巧言令色鮮《こうげんれいしょくすく》なし仁。

先師がいわれた。

「巧言令色鮮なし仁」

同じ書物の中に二か所も同じ文章が出ているということは、それだけ編纂者が心を動かされたということに違いありません。「巧言令色」というのは『論語』を学ばない人でもよくご承知の言葉でしょう。

孔子はこういう非常に短い言葉に無限の内容を込めています。そういう言葉がたくさんあります。子どもが読めば子どもの発達段階に応じてその意味は限定されますが、社会経験の豊富な人が読めば、この短い文章の中に無限の内容があって、自らの人生で体験したあの場面この場面を想起させられるのです。

だから単なる表面的な意味で、たとえば「八方美人は徳を損なうものだ」というふうに解釈しただけでは、その内容を語り尽くせるものではありません。八方美人というのは、いろいろな人にいい顔をしようとする人です。そういう人は徳を損なうといえば、「そんなことはわかっている」というのは簡単です。しかし、わかっていたとしても、実際の行動の中で自らの旗色を鮮明にするというのはなかなかできることではないでしょう。自分の考えを表明するのには勇気を必要とします。さらに、批判や非難を浴びせられても自らの考えを貫き通すというのは一層の勇気が必要でしょう。これは一個人の問題に限りません。政治にしてもなんにしても、現実には大概の人が八方美人になりがちです。

たとえば、最近話題になりました自衛権の発動ということについても、いろいろな意見が続出しています。あの人の意見もこの人の意見もと聞いていたら、結局何もできずに終わることになるでしょう。ところが現実に、戦争に敗れてから七十年になろうとするのに、今なお各方面の意見に耳を傾けてばかりで自らの意見を明確に主張できない政治家が続出しています。とくに、この民主主義という名の下に八方美人的な考えを持つリーダーが数多く残存しているわけでしょう。そうした人の中には偉い勲章までもらっている人もいますが、そういう人でも未だに憲法を改正することができないのです。

八方美人にならない、ちょっとした偏屈者が出てこないと、新しい時代は開けていかないように思います。昔の日本には、いいとか悪いとかは別にして、優れた政治家にして凶弾に倒れた人がたくさんいました。それは八方美人でなかったがゆえに招来した悲劇ではありますけれども、命に代えて自らの信念を貫いたという点において賞賛されるべきものと思います。

というようなわけで、『論語』には短い文章でありながら二千五百年変わらない真理を含んだ言葉が至るところに散りばめられています。そういう短い言葉に目を向けて『論語』を丹念に読んでみると、また新たな読み方ができるだろうと思います。

❖本当の勇気とは内側から湧き出てくる強さをいう
――義を見て爲さざるは勇無きなり

爲政第二の最後の章に次の言葉があります。

義を見て爲《な》さざるは勇《ゆう》無きなり。

正義だと知りながら行わないのは、勇気がないのだ。

これは『論語』を学ぼうが学ぶまいが、日本人自身がよく弁《わきま》えている言葉といっていいでしょう。勇気のない者は「これが正義だ」とわかっていても、何も為すべきところを見出さないのです。この「勇」という字も、力が内側から湧き出てくる文字です。

これは余談になりますけれども、前の大戦のとき、大阪が焼け野原と化しました。その焼け野原に建ったバラック建ての建物の中で、東京からお出でになられた安岡先生を囲んで道友が相集まったことがありました。その家のご主人は体が大きくて、押し出しがきいて、なかなか気風のいい人でした。

また、その奥さんが偉い人でした。なかなかの文化人でもあって、川柳の選者でもありました。作家の吉川英治とも非常に深い関係があり、大阪に吉川さんが来られると必ずこの家を訪ねて来たそうです。この奥さんはなかなか金儲けも上手で、ご主人が社会的な活動を少し派手にできたのも、奥さんの内側の働きがあったからでしょう。

このときは、大阪の道頓堀というところに先生と関係の深い人たちが大方三十人ぐらい寄り集まりました。集まった人の大部分は公職追放に遭った人たちでした。元の地位は高かったけれども、今や月給はもらえないし、収入の道が絶たれているという人たちです。

皆さんは昭和二十二、三年頃の日本の有り様はおそらく想像できないと思いますけれど、戦いに敗れた日本の状況は言葉で簡単に言い尽くせるものではありませんでした。日本の法律より連合軍（ＧＨＱ）の命令のほうが先行している時代で、日本の法律は何も役に立たなかったのです。そういう状況下にあって集まるといっても、ご馳走ひとつなかなか手に入らない。酒も一か月に二合の配給しかなくて、おまけに本当の酒ではなしにアルコールの入った人造酒でした。

けれども、それはそれで和気藹々《わきあいあい》と会が進んで、終わりに安岡先生にひとつ書をお願いしたいという要望が出ました。先生も快くお引き受けくださって、親切にも一人ひとりの顔を見ながら揮毫されていきました。

最後にその家の奥さんに揮毫《きごう》することになりました。奥さんは本名を「むめこ」といって、川柳の雅号が「無名子《むめいし》」というのです。それで先生は奥さんの顔を近づいて見ながら、半切に「無名有力《むめいゆうりょく》」と書きました。

そうしたら突然、ご主人が怒り出しました。体の大きな人が怒るので手のつけようがありません。なんで怒るのかと聞くと、「無名有力ということは、むめこが有力だということや」というわけです。奥さんは顔が利くものですから、闇たばこを扱ったりして実入りがよかったのです。ご主人が外で好きに活動できるのも、そういう奥さんの経済的な支えがあったからなのですが、男の立場として「無名有力」というのはワイフが有力だということだから、こんな書は家に掛けられないといって怒っているのです。

ご主人は安岡先生にもムチャクチャな文句をいっていましたが、先生は黙ってニヤニヤしておられました。そしておもむろに「無名有力」と横書きにした字の横にこう付け加えました。「力上《ゆう》あり、この意甚だ深し」。ご主人は名前を勇といいました。奥さんは無名有力で力があるけれども、その力のある上にさらに「勇」がある。だから「この意甚だ深し」というわけです。

それを見て、ようやくご主人も納得しました。後日、立派に表装ができたから見てくれと呼ばれて行ったところ、バラックが立派な家に変わっていました。その新築の住まいに「家の宝だ」といってご主人は一番先にこの額を掲げたそうです。

この「勇」という字にさんずいが付いた「湧」という言葉があります。これは「水が湧くが如く内側から出てくる力」を表します。これが本当の勇気というものです。

私は『論語』を開いて「義を見て爲さざるは勇無きなり」という言葉を読む度に、あのときの奥さんの顔とご主人の顔を思い浮かべます。「無名有力　力上亩あり、この意甚だ深し」。これだと奥さんとご主人と両方が生きるわけです。奥さんが偉いと一般の人はいうけれども、さらにその上にご主人がいる。安岡先生はこういう気の利いた言葉がすっと出てくる方でした。

そういうので「義を見て爲さざるは勇無きなり」の「勇」というのは、本来は水が内側から湧き出るような強さをいいます。空元気ではなくて、内からにじみ出る力です。そういう勇気のある人にして初めて物事を敢然として実行することができるということです。この言葉の元々の出典が『論語』にあるということを記憶に留めておかれるといいと思います。

❖死に直面したときの態度が生のあり方を決める
――君子固より窮す。小人窮すれば斯に濫る

孔子が非常に危険な道を歩んだのが五十五、六歳ぐらいから六十の終わりにかけての、いわゆる天下を周遊した時期でした。孔子は母国を去って後、本当に自分の教えや思想に共鳴して用いてくれるところはないかと天下を経巡ります。けれども、心から孔子に共鳴をし、高く用いようとするところはいずこにもなかったのです。

その間にいろいろな出来事が起こっています。とくに生と死の境界をさ迷うということが幾度もありました。これについて孔子という人を深く見つめていくことが必要であろうと思います。

人間は何と申しても生と死の問題が大きいのです。死を目前にしながら、悠々と心

を変えることなしに毅然として進んでいくのは容易なことではありません。

なんといっても一番は死という問題です。死をいかに解決するかによって、本当の意味における生を全うすることに相通ずるのです。普通の人にとって、生死という問題はそこまで深刻ではないかもしれませんけれど、世の中の表面に立つ、とくに政治家というような人たちは絶えずその世界をさ迷っています。

そういうことで、話はちょっと飛躍しますが、五十五、六歳ぐらいから六十七、八歳ぐらいまでに孔子が遭遇した生死の問題のいくつかを見てみたいと思います。

まず子罕《しかん》第九にある次の章から見ていきましょう。


子、匡《きょう》に畏《い》す。曰《のたま》わく、文王既《ぶんのうすで》に沒したれども、文茲《ぶんここ》に在《あ》らずや。天の将《まさ》に斯《こ》の文を喪《ほろ》ぼさんとするや、後死《こうし》の者、斯の文に與《あずか》るを得ざるなり。天の未だ斯の文を喪ぼさざるや、匡人《きょうひと》其《そ》れ予《われ》を如何《いか》にせん。

先師が衛から陳へ行かれる途中の匡の町で恐ろしい目に遭われたときに、先師がいわれた。

「聖人と仰がれる文王はすでに死んでこの世にはいないが、その道は現に私自身に伝わっているではないか。天がこの文（道）をほろぼそうとすると私（後死の者）はこの文（道）にあずかることができないはずだ。天がまたこの文（道）をほろぼさないかぎり、匡の人たちは、絶対に私をどうすることもできないだろう」

孔子は天下を周遊するうちに匡というところで捕らえられて、まさに生命の危機に陥ります。孔子が「匡に畏す」ことになったのは、かつてこの地で乱暴を働いた魯の陽虎という暴漢に間違えられたのが原因です。陽虎は魯の国で下剋上的な生き方をしていた男で、魯を出て各地で暴れ回っていたのです。この匡の地の人々も、陽虎に虐げられ苦しめられて、恨みを持っていました。

そこに孔子がたまたま周遊してきたのですが、孔子自身の顔かたちが陽虎に非常に似ていたようです。それで「陽虎がまたやって来た」というので、匡人は孔子を捕らえて獄屋に繋ぎ、断罪しようとしたのです。幸いなことに刑が確定する前に間違いであることがわかって孔子は助かるわけですが、そういう目に遭ったときにも、「文王の道が私に伝わっている（天の道が私に伝わっている）のだから、天がこの道をほろぼさない限り、天の心を心とする私をどうこうすることはできない」と非常な自信を持って捕らわれの身を過ごしていました。そのときに発したのがここに取り上げた言葉です。

先にもお話ししたと思いますが、孔子を祭った御廟のある東京の湯島聖堂の中に、孔子の教えを伝えようとする正統的な学者が集まった斯文会《しぶんかい》という会があります。この「斯文」という言葉はこの「天の未だ斯の文を喪ぼさざるや」から出ています。

続いて取り上げるのは衛霊公第十五にある章です。孔子一行が衛を去って楚に向かう途中、陳という国に滞在していたときの出来事です。このとき、呉の国が陳を攻めるという事件に遭遇して、孔子一行は食糧がなくなるという事態に陥ります。食糧不足は一週間にも及び、一緒に旅をしていた供の者たちは立ち上がることもできないほどの窮状に陥っていました。そこに元気者の子路がやってきて、孔子に恨み事をいいます。

陳《ちん》に在《いま》して糧《りょう》を絶つ。従者病みて能《よ》く興《た》つこと莫《な》し。子路《しろ》慍《うら》み見《まみ》えて曰《い》わく、君子も亦《また》窮《きゅう》すること有るか。子曰《のたま》わく、君子固《もと》より窮す。小人窮すれば斯《ここ》に濫《みだ》る。

孔子が陳という国にいる時分に、食糧が手に入らなくなった。一緒に旅をしていた弟子たちは餓《う》えて起き上がる気力もなくなっていた。子路は、恨んで腹を立てて、先師にいわれた。

「君子も困ることがありますか」

先師は答えられた。

「君子とてむろん困るさ。だが小人は困ったらすぐにみだれて何をするかわからないよ」

すでに見てきましたが、子路は孔子に対しても恐れることなしに直言する男です。

元々は町の兄《あん》ちゃん上がりで、ちょっと乱暴なところがありました。相当年配になってから、有名になりかけた孔子を脅かしてやろうと、頭に雄鶏《おんどり》の鶏冠《とさか》をつけ、腰に雄豚の首をぶら下げた格好でまみえたのですが、孔子の人柄に参ってしまい、一転して亡くなるまで孔子に師事したのです。

その子路が孔子一行が困窮しているところに外からやって来たのです。見ると、皆、立ち上がることもできない、弱り果てて死を待つよりほかないという有り様です。子路は人間的に非常に純粋ですけれども単純な性分ですから、これはどうも先生の平生の教えがここに至らしめたのではないかと思い込みます。そして「先生はいいことをすればいい結果が必ず来るといいながら、この体たらくは何事か」と腹を立てて、孔子に恨み顔をしながらお目にかかるわけです。

子路は「なんだ、あれは。先生の教えを受けたところがこういう体たらくでは困るじゃないか」と内心怒り、恨みを含んで孔子にお目にかかっていいました。

「君子も亦窮《またきゅう》すること有るか（立派な人物でも困ることがありますか）」

孔子も他の弟子たちと同じように食べ物も食べずにいたわけですが、子路が行ってみたら、琴を弾《ひ》いて殊《こと》のほか悠々としていました。それを見て、子路はさらに癪《しゃく》にさわったのでしょう。「君子も」というのは、要するに「あなたのような立派な先生でも」という皮肉を込めていったものでしょう。

そうしたら孔子は子路の言葉をそのまま肯定します。

「君子固《もと》より窮す（君子とてむろん困るさ）」

立派な人物だからといって、飯を食わなかったら腹もへるよ。ただし、「小人窮すれば斯に濫る」。一般の人というものは困ったら濫れて何をするかわからん、といったのです。

この「濫」という字を「みだる」と読む人もあれば「ぬすむ」と読む人もあります。もう一週間も飯を食わなければ固より腹がへって困る。だから何も君子だからといって困らないわけではない。けれども、一般の人は困ったときに何をするかわからない。あるいは人のものにも手を出すことだってある、といっているのです。

ここで孔子は暗に「大人は窮すれども斯に濫れず」、つまり「君子というものはどんな苦境に落ちても、あるいは命の危機に直面しても、取り乱すことなく泰然としている。平常心を失わないものだ。ここが小人と違うんだ」と教えているのです。それを教えるのに「小人窮すれば斯に濫る」と、小人のほうに焦点を置いて表現しているわけです。

子路も道を求める点においては深いところがありますから、この孔子の言葉を聞いて、「ああ、やっぱり先生は君子だな。我々の及ばざるところである」と感嘆します。そして、一転して喜んで踊り出します。それを見て、倒れて立ち上がる気力を失っていた者たちも起き上がって、つられて踊り出す——井上靖先生は『孔子』という小説の中で、この場面をそのように描写しておられます。

❖大阪の老舗で見た「固窮」の額に込められた真意

私がここで常に思い起こすのは「固窮《こきゅう》」という言葉です。

大阪は昔から老舗《しにせ》といわれて仕事を代々続けて発展をした店が非常に多いところです。老舗というのは百年も二百年も三百年も「のれん」を守り続けた古いお店です。利害を伴う事業が何百年も続くというのは、これは言うべくして難しいものです。

日本でも一番古い建築屋として知られる金剛組という会社があります。千年以上の歴史を持つ古い会社です。私がある人の協力でお宮を造ったときに、この金剛組が中心になってやってくれました。落成式には金剛組の社長さんが出席されましたが、女の方でした。先般、ちょっと倒産の危機に瀕しましたけれども、なんとかまた持ち直して続いているということです。

また、花王という会社があります。この会社の社員は私が山にいる時分からずっと研修に来ていまして、もう二十八年ぐらいの付き合いになります。花王はライバル会社のライオンと同じように百何年の歴史のある会社で、非常に健全な経営を続けています。その社員が二十何年か前に私のところに来たときに、私はこういいました。「花王という名前はええ名前や。ええ名前やけれども、花の寿命は短いぞ」と。それを聞いた社員はびっくりしました。長い間続いている健全な会社だと思って入社したのに、そんなことをいわれても、と戸惑ったようです。

ところが、この会社、花の後に「王」という字がついています。この「王」という字には「長く続く」という意味があります。私は花王の宣伝に来ているわけではありませんが、大切なのはこの「王」という字です。「王」の上の一は天を表し、下の一は地を表し、真ん中の一は人を表します。いわゆる天・地・人一貫しているのが「王」という字で、この天道・地道・人道の三者を一貫して行っていくことを「王道」というのです。

だから、その王道を以ていけば長く続くだろうし、王道をもし忘れたならば花の生命の如くその寿命は短い——。そのように話して聞かせると、社員たちもようやく納得し、ほっと胸をなでおろしたようでした。幸いなことに、その後も花王は順調に成長を続けているようです。

この「王道」に対して「覇道」というものがあります。「覇道」というのは、表面は甘く見せて内側に棘を持つといいますか、飴と鞭の両方で人をなつけていくことをいいます。実際、鞭だけでは人は動きません。飴を舐めさせることによって人は懐いてくるものです。しかし、飴だけではなく、内面に鞭打つという力を背景にした政治のやり方を「覇道」というのです。

かつて大阪には老舗が軒を連ねていましたけれども、老舗の建物は壁を漆喰で塗りつぶしたり、見るからに堅牢な外観でした。土蔵などもただ単なる見てくれではなくて非常に強固で、火事があっても火が入らないようになっていました。大阪は戦争で焼け野が原になったという話をしましたけれども、そこここにそういう老舗が焼け残っていました。そして、戦後もそのまま商売を続けていました。昭和二十二、三年頃の話です。

その老舗の特徴は割合女系家族が多いということでした。男のほうは、店が代々続いていくに従って、ひ弱になってしまうのです。金も自由に使えるものですから、遊びに使う金が多くなっていく。だから、老舗では男の子には店を譲らないで、働き者の男を養子にとって女性が代々のれんを受け継いでいきました。こうした女性を「御寮はん」と呼びます。御寮はんとなる女性はなかなか教養が豊かで、芯がしっかりしていました。経営はこの御寮はんが取り仕切って、主人は一所懸命働く一方でした。

昭和二十二、三年頃に、あることでそうした老舗の一軒を訪ねる機会がありました。応接間に通されてふっと見ると、横書きで「固窮」と書かれた額が掛かっていました。ああ、これは珍しい、と思って見入っていると、御寮はんがお茶とお菓子を持って入ってきました。私がじーっと見ているので気になったのか、御寮はんは「この額は私が生まれる前からここに掛かっていました。なんと読んでいいのか、来るお客さんに聞いてみるんやけども満足するようなお話が聞けないんです。あなたはこれをお読みになれますか」と聞いてきました。

そのときに私はふっと『論語』を思い出して「『論語』の中に、君子は固より窮するけれども濫れない、とあります」といって諄々として話して聞かせたところ、御寮はんは「今のお話を聞いて先祖の苦労が初めてわかりました。先祖も随分苦しいときもあっただろうと思いますけれども、今日までこうやってお店が続いてやっていくことができるのはそういう先祖さんのお陰です」といって、大変に喜んでくれました。

それから次々とご馳走が出ました。当時は米の飯は銀シャリといってなかなか食べられないような時代です。そのお店は景気がよくて、いろいろ品物も入ってきていたのでしょう、絶えて食べたこともないようなご馳走が次から次に出てきて盛大なもてなしを受けたことを今でも憶えています。

商売といえどもいいときもあるし悪いときもあります。いいときはともかく、悪いときにいかに乗り越えるかということが事業継続の道です。何代も続くという秘訣はそこにあるのです。大阪にはそういう長く続いたのれんというものがたくさんあるわけです。

大坂が江戸と違ったのは、学問が非常に盛んだったということです。というと、江戸も学問は盛んだったのではないかと疑問に思われるかもしれませんが、大坂の学問は江戸のそれとは目的が違うのです。江戸には優れた学者が随分おりました。そうした人たちが塾を開いて盛況でした。そこで勉強した人が相当に立派になると、先生の推薦によって各大名に仕えました。江戸時代は三百余藩にそれぞれ学校がありましたから、そういう学校の先生になるわけです。

だから江戸の学問は盛んであったけれども、その目的は今とあまり変わらず、就職のための勉強だったわけです。ところが大坂は「天下の台所」といわれて金がありましたから、役人になるための学問ではなく、教養のために勉強をしました。ですから、本当の学問は大坂にありました。佐藤一斎のような大儒も大坂で勉強していますし、商売人でありながら学者を凌ぐような優れた教養人がたくさんいたのです。

「固窮」の額が大阪の老舗の商家に掛かっていたというのも、そうした教養の高さを示しています。今でも大阪には『論語』の中から名前をとった学校がたくさんありま す。啓発小学校というのもそうですし、あるいは道仁小学校というのもそうです。そうした学校には小学校でも屋上プールがあったり、四階建ての建物にエレベーターがあったりというように、学問の環境が非常に充実していました。

また、のれん街という名店街も大阪発祥です。戦後間ない頃、大阪に阪神百貨店ができました。阪急は戦前からありましたが、戦後になって阪神が新たにできたのです。その時分に大阪の百貨店協会で人事とか社員教育についての会合があり、講師として呼ばれて行ったことがあります。阪神百貨店ができたばかりだったので、その社員が「せっかくお出でいただいたんで一遍社内をご覧ください」といって案内してくれました。そうしたら、そこに「のれん街」というものがあるのを見て、びっくりしました。近代建築の中で新しい商売をしようというところに、昔ながらの「のれん」という言葉が使われていたので驚いたのです。

果たしてこれが現代に通用するものかどうかと半信半疑に思っていたところ、非常にうまくいった。それでまず大阪の各百貨店がこれを真似て、それぞれの百貨店にのれん街という名店街ができました。次にそれが東京に飛び火をして、今では全国の百貨店や駅などにも、のれん街ができています。

のれんは単なる布切れですが、そこには長い間、先祖代々正しい商売をしてきた証しがあります。それが「固より窮す」という言葉に込められた意味ともいえるでしょう。

❖易姓革命の荒波にもまれながら生き残った孔子の教え

お話ししてきたように、孔子は天下周遊の間に幾度も生命の危機に直面しながらも命を失わず、天寿を全うして亡くなります。孔子は権力というものに対して屈せず、毅然たる態度をとりました。そして子孫もまたそれを継承したように思います。生きている間に迫害を受けるということは割合多くあることですけれども、孔子さんの子孫はすでにお話しした秦の始皇帝の焚書坑儒や毛沢東の文化大革命によって、孔子さんが亡くなってからも迫害を受けました。

孔子が亡くなったのは春秋時代の末期ですけれども、その後の戦国時代を収拾したのが秦の始皇帝です。始皇帝は天下統一のためには、のんびりやっていたのでは百年河清を待つようなものであって、早急に進めなくてはいけないと考えました。そのための一番早い道は、厳しい法律を作って従わせることだというので、法家思想というものが非常に盛んになりました。そして、総理格の李斯《りし》という人などが権限を受けて大革命を断行するわけです。

まず古い書物を焼きました。全部を焼いてしまったわけではないのですが、儒教の書物や政治に関する書物というものを選んで焼きました。本を焼くばかりではなくて、当時の有名な学者、儒者それから道士とか方士という道教の教えを奉ずる者など四百六十人余りを穴を掘って生き埋めにしました。これが焚書坑儒です。焚書とは書物を焼くこと、坑儒は学者を穴に埋めること。この焚書坑儒を断行して、始皇帝は中国初の中央集権政府を確立したのです。

しかし、始皇帝が亡くなると六年も満たないうちに秦の国は滅亡し、次に漢という国ができます。この漢の国において孔子の教えは復活します。そして、長く中国の中心的教えになり、日本にも伝わってきたわけです。

このように孔子さんが亡くなってから二百年近く経ってから、彼の教えを奉ずる儒学者たちが災難を受けたのです。しかし、そのとき孔子の子孫は隠忍自重しておられました。そのうちに勝手に秦が内側から乱れて滅んでいくのです。孔子が秦という国を滅ぼしたわけではないのですが、秦が自壊して孔子の教えが蘇ってきたわけです。

中国というところは易姓革命によって王朝が次々に変わりました。その中で何度となく異民族が中国大陸を支配しています。その筆頭が元という国をつくった蒙古族です。元は大都（現在の北京）に都を築き、中国全体を支配しました。この元王朝は百年余り続き、その後に漢民族の王朝が復活します。それが明です。しかし、今度は満洲族が中国大陸を支配して清という国をつくります。この清は二百五十年以上続きますが、日清戦争の敗北をきっかけに弱体化し、ついに滅んでしまいます。この清に取って代わったのが中華民国ですが、それは今の台湾になっております。中国本土のほうは中華人民共和国が支配しているのはご承知のとおりです。

この中華人民共和国は現在、表面的には共産主義といいながら、内面は共産主義を放擲して資本主義的行き方をとっています。ですが、その前に皆さんご承知の文化大革命がありました。この文化大革命というのは、毛沢東がだいぶ年をとって耄碌をしたときに、江青という第三夫人がつけこんで権力を握り、毛沢東政権を長く続けることを目論んで起こしたものです。そのために毛沢東の後を継ぐはずであった林彪という人が邪魔になると考え、あわせて漢民族の精神的支柱であった孔子の教えを排除するために「批林批孔」を旗印に文化大革命を始めるのです。

そのときには古い書物をすべて取り上げて、その代わりに『毛沢東語録』を二冊ずつ渡し、古い学者は皆、地方へ追いやりました。

石平さんという中国人が『論語道場』という本を致知出版社から出されていますが、その本をつくるときに私のところへもお出でになっていろいろ語り合いました。この石平さんのお父さんは大学の教授でありました。お母さんもインテリです。しかし、ご両親は文化大革命で地方に追いやられて豚を飼わされたそうです。そして彼はおじいさんによって育てられるのです。

このおじいさんは中国医学の医者で、孔子の教えを非常に高く評価していました。それを孫である石平さんに伝えておきたいというので、彼がまだ幼少のときに、古い語録を渡して毎日三百回写させて、それを届けさせたそうです。

ところがある晩、石平さんは、おじいさんが庭の片隅で何かを焼いているのを目撃します。何を焼いているのかとこっそり見ると、自分が苦心して筆写した紙を燃やしている。どうして燃やしているのだろうと不思議に思ったというのですが、その後、上の学校へ進んだときに、自分が書き写していたものが『論語』であったと知るのです。そのとき石平さんは、ああ、おじいさんは『論語』を自分に暗誦させて、それを共産党の目から隠すために、書いたものを焼いていたんだということに気がつきました。

彼はその後日本にやって来ます。そして日本には本当に『論語』の精神が生きていると知って日本に対する考えが一変し、やがて日本に帰化しました。最近もいろいろ活躍をしておりますが、先日たまたま町の図書館に行ったら石平さんの本が出ていたのでひょっと開いてみたところ、男の子が生まれたと書いてありました。それを知って、私も密かに喜びました。

先にもお話ししたように、文化大革命は毛沢東の死後、一か月もしないうちに江青一派が逮捕されて終わりました。文化大革命は毛沢東政権の一大失政であるとされて、以後、孔子の教え、また子孫が迫害されることはなくなりました。

それどころか最近、中国共産党は党勢を大いに拡張し、政権を安定維持するために、世界的に有名な孔子を引っ張り出してＰＲに使っています。役に立つものはなんでも利用しようという方針です。

昨今問題になっている孔子学院というのもその一つです。孔子学院と聞いて、最初は孔子の思想を世界に広める目的でつくったものかと思いました。ところが、その内実は中国の考え方を広めるために孔子という名前を利用しているものだとわかってきました。日本でも十一か所の大学に孔子学院が設けられていますが、これは大いに警戒すべきだと思っていたら、最近だんだんその中身が明らかになってきました。中国共産党の幹部は『論語』をしっかり読んで、その上に立って政治を行おうというのではなくて、政権維持のために孔子の名前を利用しているだけなのです。

日本人はそういうまやかしに騙されることなく、正しい孔子、正しい『論語』をしっかりと胸の中に収めていくことが大切であろうと思います。『論語』顔淵第十二の中に「君子は人の美を成し、人の悪を成さず」とあるように、人の美点は大いに伸ばしてやることは必要だけれど、人の悪いところはできるだけ触れないようにして、本来の姿に返していくような大きな気持ちを持ち続けることが大切ではないかと思います。その方法についても『論語』の中に書かれていますので、じっくりとお読みいただければと思います。

第五講

孔子の求めたものを求める

❖『論語』を読むのは食事をするのと同じこと

この講座も無事に最終回を迎えることになりました。この夏は暑さであまり外にも出ませんでした。だいぶ元気がなくなって、ぼつぼつお迎えが来るのではないかと思っておりましたら、なかなか迎えにも来てくれない。それほど家族には世話をかけずにやっているのですが、日常の生活が若いときとは随分違ってきているようで、介護保険に申し込みました。

ところが、申し込みの係が二日ほどいろいろな面で検査をしたところ、「あなたは介護保険に該当しないから受け付けるわけにはいかん」といいます。私も介護保険料は規定に従って払っているのですけれど、該当しないというわけです。それで「必要になったらいつでも」と、丁重な断り状が来ました。

そういうようなわけで、こちらからも向こうへ行くのはまだ勧めてないようでありますし、向こうからは呼び出しがない。いつどちらに向かうかもわかりませんけれども、もうしばらくすると数え年の百ですので、上手くするとそこまで行くかもわかりません。

さて、今回は「孔子の求めたもの」という講題でお話をすることになっています。私はすでに孔子よりも二十幾年も長生きをし、私が生涯の師と仰いだ安岡先生よりも十三年も長生きをしています。けれども、年を取れば取るほど、安岡先生や孔子の人間的感覚というものをひしひしと感じて自らの至らなさを思います。生きている間は多少でもそれに近付くべく努力をしたいものだと常に思っております。

私は七つのときから今日まで、ほとんど『論語』を手放したことがなく、今でも一日として読まない日はないのですけれど、飽いたということがありません。食事と同じようなものです。

皆さんも「食べるのは飽いた。もう明日から食べん」ということはないでしょう。おいしいときもあるし、まずいときもありますが、毎日食べ続けています。それによって自らの身体を養い、また心も育てているわけです。ゆえに、孔子は私にとって欠くことのできないもので、食べ物と同じだと思う次第です。ですから、孔子を批評するということは私にはできません。

しかし今回は最後の講義でもありますし、独断になるところも出てくるとは思いますが、私が平生、孔子について思い考えていることを申し上げて皆さんのご批判を仰ぎたいと思います。

❖権威ある人は背中からオーラを発している

孔子は西暦紀元前五五一年に生まれて、前四七九年に亡くなった人でありますから、約二千五百年以前の人です。七十三歳で亡くなられましたが、前講も申し上げたように、これは天寿を全うしたといってよいと思います。

しかし、晩年に近くなるまであちこちと天下を周遊して、非常な苦労をされています。幵官氏《けんかんし》という奥さんには先立たれ、長男の鯉（字は伯魚）も亡くなります。けれども、子思という優秀な孫が残りました。この孫は孔子の葬儀のときに喪主を務めています。

また古い弟子たちは孔子よりも先に亡くなったり、よそへ行ったりしましたけれど、幸いにして二十代の非常に優秀な青年たちが孔子の門下に次から次へと集まりました。曾子、子游、子夏、子張といった後生に影響を及ぼすような弟子が年を取った孔子を慕って教えを受けにやってくるのです。

本を読んで感動するのと、実物に直接接触して感化を受けるというのは随分違います。人間は、地位が高くなったり財産ができたりしますと、それを羨望して寄ってくる若い人もいるわけですけれど、年を取ってよぼよぼになってなお純真無垢な青年が慕ってくるということは、やはりこれは普通の人ではなかなかないことでしょう。人間には権威というものがあります。最近若い人が「あの人からはオーラが出ている」と盛んに使いますが、若者はその人の発するオーラに魅せられるものです。

だから年を取って職も去り、いろいろなものを失くしても、それを超えて若い人たちが寄ってくるというのは人間的権威があるということです。この権威だけは、自分でつくろうと思ってできるものではありません。千万金の金を積んでも権威はできない。それは本人は意識していなくとも人間の奥底から自然ににじみ出てくるものなのです。

如来像と菩薩像の話をしたと思います。皆さんは、仏像というといろいろあると思われるかもしれませんが、本来は如来像のことを仏像といいます。如来像は、何も持たずに何も飾らずただじっと座っています。これに対して菩薩像というのは、腕輪をしてみたり、ネックレスをしてみたり、あちこち飾りをつけています。菩薩像はそのような飾りでこちらに向けて気を惹いて、仏の道を説くのです。それは一つの方便です。しかし、本当の仏像というのは、そういうものは何もなしに、じっと座っているだけで周囲に影響を及ぼしていくものです。

仏像は何も持たず、何も飾りませんが、光背といって背中から光を発しています。背中というところは見ようと思っても見えない無意識の世界です。人間でも、背中になんともいえない尊さとか親しみを感じさせる人がいます。これがオーラというものです。

孔子はそういうオーラのある人であったと思います。そして、そのオーラは生きている間だけにあるのではなくて、亡くなってからも消えないのです。

❖永遠に続く力を持った『論語』の言葉

毎年九月二十八日、各地の孔子廟において孔子の祭典が行われます。これを普通は「釈奠《せきてん》」と呼んでいます。中国の曲阜《きょくふ》で行われる釈奠は文化遺産になっていますが、南のほうにも南宋孔子廟堂というものがあり、そこでもお祭りが行われます。また台湾にもいくつか孔子廟があります。日本からも論語普及会の有志が台北の孔子廟に毎年参拝をしています。

孔子が亡くなって二千五百年後の今日、縁もゆかりもない孔子の御廟に多数の人たちがお参りをしているわけですけれども、これは孔子から頼まれたわけではないでしょう。私もずっとお参りをしてきましたが、孔子から「よろしく頼むぞ」と頼まれたわけではありません。これは孔子の教えが長い間経っても光を失わないという証しです。

ところで、これから私がお話しするのは今から二千五百年余り前の話です。そんなことが本当にあったのか私は見たわけではありませんが、書物にはそのように書いてあります。その書物というのは、前にもお話ししました司馬遷という人がつくった中国の歴史書で一番権威のある『史記』です。

皆さんの中にも『史記』をお読みになられた方があろうと思いますが、これは孔子が亡くなってから四百年ぐらい後にできたものです。その当時はいろいろな書物もあったでしょうが、今、われわれが孔子という人を知る上において重要な歴史書というと、この『史記』ということになります。

しかし、四百年ということは、日本でいえば今から徳川時代の初め頃のことを調べて本にしているようなものですから、どこまでが真実で、どこまでが架空のものかはわかりません。わからないけれども、司馬遷はいろいろと史料を調べて「孔子というのはまあまあこういう人だったようだ」と類推しているのです。

すでに何度もお話ししたように、孔子は生まれて二歳あるいは三歳のときに父親を失います。孔子は父親の若い第三夫人に生まれた子どもです。父親の死後、お母さんは孔子を連れて曲阜《きょくふ》という魯の都へ出て孔子を育てます。ですから、孔子の幼少の時分は決して恵まれたものではなかったといえると思いますが、お母さんはなかなか教養のあるしっかりとした女性だったようです。

当時は公立の学校があって、男子は八歳になると小学に入り、十五歳になると大学に入るという教育システムができあがっていました。しかし、そうやって教育を受けられるのは指導階級の子弟に限られていて、一般の人はその教育を受ける機会はほとんどなかったのです。孔子は指導階級にあった父のもとに生まれたわけですが、複雑な家庭環境でしたから、おそらく学校には入れなかったものと思われます。

しかし、お母さんは葬式に関係する家の出であり、そのために礼法をはじめとする特別の知識を身につけていたようです。また、そうした知識を身につけるために文字を学んで知っていました。当時の女性はほとんど文字を知らなかったのですから、かなり特殊な人であったといえます。

日本でも明治の初め頃、あるいは大正になっても、文字を知らない女の人が多かったのです。それを考えると、遥か昔に文字を知っていた孔子の母親というのは大変なものです。おそらく母は我が子に久しく基礎的な文字を教えたものだろうと思います。

また、近所にリタイアした学者紛いの人がおられました。その方が非常に孔子を見込んで教えたということが伝えられています。だから孔子は公立学校には行っていないけれども、学問という面では恵まれていたといっていいでしょう。

今さらお話しするまでもありませんが、『論語』というのは、孔子の言葉や弟子たちとの問答、また一般の人との問答を集めたものです。短い文章の羅列で、それが約五百章から成っています。そして章と章との間には直接の関係はありません。

また、初めに申し上げたように『論語』は孔子が亡くなってからできあがっています。孔子の直弟子の弟子、つまり孫弟子が相寄って、直弟子から孔子の言葉を聞き取って集めてディスカッションをして編纂したのです。

つまり、孔子の著書ではないものが二千数百年読み継がれているわけです。それはなぜかというと、『論語』に集められた言葉は、直弟子たちが孔子から教えを受けたことを自ら実践して、「これは本当だ」という一つの信念にもなったような言葉だけを孫弟子に話し、孫弟子たちもそれを確認して「間違いない」という言葉だけを集めたものだからです。逆にいえば、どんなにいい教えでもそれを実践する人がいなければ、その言葉の真価というものは永遠ではないのです。

昨今も百万部売れたとか二百万部売れたというような本がありますが、「この本は面白かったな」というだけで二度と読まないという本もたくさんあるでしょう。ところが『論語』には実践の裏付けがある言葉ばかりが載っているために、後から学ぶ人も「あっ、これは真実だ」と確認できます。それによって言葉に重みが出て、永遠に続いていく力を有するようになったのです。

❖学んだ知識を実践するところに喜びが生まれる
――學びて時に之を習う、亦説ばしからずや

『論語』學而第一の冒頭に次の言葉があります。

子曰《のたま》わく、學びて時に之《これ》を習う、亦説《またよろこ》ばしからずや。朋《とも》遠方より來《きた》る有り、亦楽しからずや。人知らずして慍《うら》みず、亦君子ならずや。

先師がいわれた。

「聖賢の道を学んで、時に応じてこれを実践し、その真意を自ら会得することができるのは、なんと喜ばしいことではないか。共に道を学ぼうとして、思いがけなく遠方から同志がやってくるのは、なんと楽しいことではないか。だが、人が自分の存在を認めてくれなくても、怨むことなく、自ら為すべきことを努めてやまない人は、なんと立派な人物ではないか」

今もお話ししましたが、「子曰《のたま》わく、學びて時に之《これ》を習う、亦《また》説《よろこ》ばしからずや」というのは、人から話を聞くとか書物を読んで学んでそれを学びっ放しにしておくのではなくて、身体でこれを実践するということです。「習う」ということは、雛鳥が羽ばたきを稽古するときのように何度も繰り返すことをいうのです。そうやって繰り返し習っているうちに、その真意というものがはっきり身体で摑めるようになるわけです。

雛鳥は親鳥の飛ぶ様子をじっと見ながら、巣の中で数えきれないくらいに羽ばたきの稽古をしているはずです。その稽古のかいあって親鳥と同じように飛べたときの喜びはいかばかりのものでしょうか。それが「亦説ばしからずや」ということです。「亦」というのは「なんと」というふうに解釈しますから、「なんと喜ばしいことではないか」という意味になります。鳥には言葉がありませんから、その喜びを言葉で表現はできませんが、それは嬉しいだろうと思います。

私には二人の曾孫がいますが、孫が毎日曾孫の写真を撮ってパソコンのホームページに載せてくれるものですから、今朝も出掛けに見てきました。今年の正月に来たときには、ふにゃあとしておりましたのが、もう今は座って食べ物を食べています。寝転んだままで動くこともあまりできなかった子どもが、座り、立ち、歩く、あの喜びというのはまさに「亦説ばしからずや」でしょう。そういうことを一つひとつ積み重ねながら、大人になっていくのです。

また、ここでいう「学」というのは、普通にいう「頭から吸収する」学問のことです。「習う」というのは「身体で実践する」ということで、頭に入れたことを自らが実践して、その真実を本当に悟ったときにはなんとも表現のしようのない喜びであるといっているのです。これは孔子が若い時分に学んだときの喜びの心境を、孔子学校に入って学ぶ生徒に説いたものだろうと思います。

次に「朋遠方より来る有り、亦楽しからずや」というのは、そうした喜びを理解するところの友が遠いところから思いがけずやって来た。これはなんと楽しいことではないか、ということです。こういう経験をした人はたくさんおられると思います。

私は終戦の翌年、昭和二十一年一月三日に「太平思想研究所」というものを設立し、その趣意書を各地に配りました。しかし、まったく反応がありませんでした。そのときは、「もう日本はだめか」と思って非常に寂しさを感じました。

ところがある日、家から出ようとすると玄関に郵便屋が元気よく入って来ました。「書留です」といわれて手渡された封筒の中を見ると「太平思想研究所の趣旨に賛同して会員となります」と書かれた手紙と会費十円が入っていました。たった十円かと思ってはいけません。昭和二十一年の初め、十円はかなりの値打ちがありました。一円でもなかなか値打ちがあって、一銭の半分の五厘でも飴玉一つぐらいは買えました。

私は本当に嬉しくて、その情景は今でもはっきり覚えています。書留を送ってくれたのは高橋義範という人で、遠く離れた島根県の人でした。まさに「朋遠方より来る有り、亦楽しからずや」という心境でした。

私が太平思想研究所をつくったのは数えで三十一のときでしたが、孔子も三十を過ぎた頃に孔子学校をつくりました。さてどうなるかと思っていたところに噂を聞きつけた人が遥々遠くからやって来たのでしょう。そのときの喜びを孔子はここで表現しているのだと思います。

それから「人知らずして慍《うら》みず、亦君子ならずや」。しかし、どれだけ努力に努力を重ねても、人はなかなか知ってくれないものだ。でも、知ってくれなくても、人を咎めたり恨んだりしたりせずに、自分の為すべき努力を続けてやまない人が立派な人物なのだといっています。

私も随分多くの若い人たちに『論語』を講じてまいりましたが、若者たちが『論語』を読んで一番感動するのが、この「人知らずして慍《うら》みず、亦君子ならずや」という言葉です。というのは、若い人たちはこの言葉を自分の境遇に重ねて受け取るのです。自分は就職して一生懸命働いているけれども、上の人はなかなか認めてくれない。やけ酒でも飲もうかと思っているときに、「人知らずして慍《うら》みず、亦君子ならずや」だと気づいて、明日も頑張ろうと思い直すのです。

この言葉には無限の価値があります。この言葉によって心機一転して、仕事に熱中し、それが元になって大成功を収めているような人もたくさんいます。この間も、「創業五十年になります」といってきた人がいました。新幹線ができたのと同時に出発したそうですが、それが五十年になって大きな立派な会社に成長しているのです。その彼がなかなか認められなくて腐っていたときに奮起した言葉が、この「人知らずして慍《うら》みず、亦君子ならずや」だったといいます。

そういうことで、孔子の頃の「学」というのは、どちらかというと頭の学問でしたから、それを自ら実践する「習う」ということが必要だと孔子は教えているのです。ここから「学習」という言葉が生まれてきました。学ぶだけでは足りず、習うことをあわせて行うことが大切なのです。

❖学ぶのはなんのためか
――吾十有五にして学に志す

前にもお話ししたように、孔子という人はあまり自分のことを語っていません。ただ、自分がどういうふうにして今日に至ったかということを、七十を過ぎた最晩年に語りました。それが先にもあげた『論語』爲政第二にある章です。

子曰《のたま》わく、吾十有五《われじゅうゆうご》にして學に志し、三十にして立ち、四十にして惑《まど》わず、五十にして天命を知り、六十にして耳順《したが》い、七十にして心の欲する所に従《したが》えども、矩《のり》を踰《こ》えず。

先師がいわれた。

「私は、十五の年に聖賢の学に志し、三十になって一つの信念を以て世に立った。

しかし世の中は意のままには動かず、迷いに迷ったが、四十になってものの道理がわかるにつれ迷わなくなった。五十になるに及び、自分が天のはたらきによって生まれ、また何者にも代えられない尊い使命を授けられていることを悟った。六十になって、人の言葉や天の声が素直に聞けるようになった。そうして七十を過ぎる頃から自分の思いのままに行動しても、決して道理を踏み外すことがなくなった」

この章は『論語』を読む人にして知らない人はいないと思います。要するに、平凡な子どもであった孔子が七十を過ぎた頃には円熟し、非常に立派な人物に成長するまでの道程をここに表したのです。

まず「吾十有五にして學に志す」ですから、孔子は十五の年に学問に志したのです。この当時、学に志すといえば、先にも申しましたように、指導階級の子弟が小学あるいは大学に行って文字をはじめとする知識を学び、それをもとにして立身出世を願うというのが一般的でした。

ところが、ここで孔子のいう「学」とは、立身出世を願うところのものではなく、聖賢になるための学でした。聖賢とは、徳高く知識が豊富な、学徳ともに優れた立派な人物です。孔子はそんな聖賢になるための学に志したのです。彼にとって地位を得たり出世したりは二の次三の次であって、第一は立派な人物になることでした。そのために、現代でいえば人間学に志し、一生懸命勉強をするわけです。

孔子は、十七歳のときに母を失い、十九歳で結婚をし、二十歳で長男が生まれたことは何度もお話ししました。地位は非常に低く、収入も少なかったため、有名な先生について勉強をすることはできませんでした。だから自学自習、自分で学んでいきました。

昔は日本でも「苦学」という言葉がありました。苦学というのは働きながら学校に通って勉強をするということで、「あいつ、苦学をしとる」といって人から尊敬を受けたものです。

ところが現代は、ずいぶん事情が違ってきているようです。中には家庭の事情から自分で学費を捻出しなくてはいけないと、アルバイトをしてお金を得て勉強をしている感心な学生もいますけれど、一方では、遊びの費用を稼ぐためにアルバイトをやっている学生も多いようです。彼らにとってアルバイトは苦労ではないし、苦学をしているわけでもない。荻生徂徠《おぎゅうそらい》という人は豆腐屋からおからを恵んでもらって生活をしながら学問をしましたが、そういうのとはだいぶ違います。

孔子という人は、まさに苦学をしました。貧しい環境の中にあって、立派な人物になるために勉強を続けていたのです。

❖あらゆる人を師として学ぶ
——三人行えば、必ず我が師有り

孔子は特別の先生について勉強をしたわけではありませんが、前にお話ししたように「あそこに立派な人物がいる」と聞いたら会いに行って教えを受け、「自分もあのようになろう」と発奮して努力をしました。逆に、つまらないことをしているなと思うような人を見たら、「自分もあのようなつまらないことをしていないだろうか」と内省をしました。立派な人もだめな人も、ともに自分を向上させるための先生として見ていたのです。

述而第七には次の言葉があります。

子曰《のたま》わく、三人《さんにん》行えば、必ず我が師有り。其《そ》の善《よ》き者を擇《えら》びて之《これ》に従《したが》い、其の善《よ》からざる者にして之を改《あらた》む。

先師がいわれた。

「三人が行動を共にしたら、必ず自分の先生になる者がいるものだ。そのよい者を選んで素直に従い、悪い者を見ては、反省して自ら改める」

説明するまでもないと思いますが、「接する人は誰でも先生だ」ということです。

「我以外皆我師」というのは吉川英治の言葉として有名です。吉川英治という人は、あまり学歴のある人ではありませんでした。けれども、あらゆるものから学んでいます。そうやって学んだものを小説の中に思い切り取り入れて書いたのです。私の恩師である安岡先生をも非常に敬服しておられる方でした。

この吉川英治がいったのと同じことを孔子はもう二千五百年前にいっているのです。「三人いたら、その中に必ず先生になる人がいる。いい人も悪い人もみんな自分の先生になるんだ」と。そのような姿勢で、孔子はガムシャラに学を求めていったのです。

現代でもずいぶん学問に熱中している人がいます。たとえばノーベル賞を受賞した人でも研究一筋に生きています。けれども、そういう人は大学とか研究所に所属していて生活が保障されていたり、あるいは国から研究の費用というものが補助として出されています。そのため自分の生活には困ることがありません。そういう環境の中で何十年も研究を続けていれば、確かに大きな成果が挙がる可能性も高まるでしょう。

ところが、自分の毎日の生活を考えながら研究を続けたり勉強していくということになると、これは容易なことではありません。経済的な問題はもちろんですが、人間はどうしても楽な道を辿ろうとしますから、いつの間にか初志を曲げてしまうということも多いでしょう。ところが孔子は、誰もが自分を立派にしていくもとになると考えて、非常に謙虚に、素直に、接する人から学んでいったわけです。

孔子は「十有五にして學に志し」てから初めは目立たなかったけれども、ずっと勉強を続けました。「三十にして立つ」とありますから、十五年間もそういう基礎的な勉強の期間が続いたのです。しかし、そうやって自らを研鑽しているうちに、自分の内側に学び蓄えたものが充実してきて、やがて外側にまでにじみ出てくるようになりました。

しかし、孔子は誰かに自分のことを知ってもらいたいと思って勉強していたわけではありません。「人知らずして慍みず」とあったように、誰も自分を知ってくれないと怨み事をいうこともなく、黙々と努力を続けていくのです。そうしているうちに「朋遠方より來る有り」で、まったく知らない人が遠いところから自分を訪ねてくるというようなことが起こってきました。もちろん、近所からも人はやってきたでしょう。その人たちは「どうかひとつ自分にも教えてもらいたい」といって、手土産でも持参してお願いにやってきたのでしょう。

そういう人がだんだん増えてきたことに意を強くして、孔子は三十になった頃に信念を持って学校をつくり、世の中に堂々と立ち上がりました。けれども、それに対していろいろな障害が出てくるのです。わずか三十そこそこで一門を構えたというので、先輩の学者たちは「おこがましい」と軽蔑の目で見ました。また、孔子の唱える学説に対する批判も出てきました。

ここに来て孔子は非常な悩みにぶつかります。信念を持って立ったものの、自分の考えに対して疑問を持つこともあったのだろうと思います。ですから、孔子の三十代は、自ら立ちながらも非常に迷うという時期でした。

❖自らの過ちに気づいた孔子はどうしたか

――我に数年を加え、五十にして以て易を学べば、以て大過無かるべし

しかし四十になると、ようやく一つの考えがまとまってきます。現代の言葉でいえば、多くの知識を吸収して、それに対する統一ができ、いわゆる見識というものができてきたのです。物を見ても、的を外さずに的確に見ることができるようになって、

人々の信用も高まってきました。

いろいろな知識を吸収して、それらを一つにまとめて結論を出していく帰納的な考え方というものがあります。一般の学者や評論家というのは、だいたいこういう帰納法によって結論を出し、評論していきます。孔子も四十を過ぎるまでは、そういう評論家的なものの言い方をしていたようです。そして四十も半ばになって、いよいよ評判も高くなり、信頼もますます増してくるようになりました。

けれども、孔子という人が一般の学者や評論家と非常に違うところは、常に自己反省を怠らなかったということです。弟子の曾子は「吾日に我が身を三省す」といって一日のうちに何遍も自己の行いを反省したといいますが、先生である孔子も反省を忘れない人でした。

そのような反省をしているうちに、孔子は「これが正しい」と思っていたことの中に過ちのあることを発見します。そして「四十にして惑わず」といいながら、五十を前にして悩み出します。自分の誤った発言をどうやって訂正すればいいかと悩むのです。

自分の間違いを面前において訂正するというのは、よほどのことでないとできません。現代でも、政治家や学者や評論家が自分の行為や発言に誤りがあるとわかったときに素直に認めて謝ったという例はあまり聞きません。そういうことを虚心にいえる人というのは、よほど優れた人です。

そうした過ちというものは、日食や月食のようなもので、今まで輝いていた日や月がふっと影を潜めるようなものです。しばらくすればまた本来に返るのですが、日食や月食が時がくれば自然と元に戻るのと違って、人間が「自分は間違っていました」と自らを改めるのは難しいことです。孔子も人知れず悩んだでしょう。すでに社会的な名声もあり、多くの弟子たちもいるという中で「あれは間違っていた」と認めるのには非常な勇気を必要とします。

余談になりますが、日本の戦後、占領政策によって大きな変革がありました。今まで正しいと思っていたことが間違っていたというので、GHQの指示によって学校の教科書なども無理やりに訂正させられました。

あの時分の先生は苦しかったと思います。昨日までは「これが正しい」と教えていたのに、「それは間違っていた。墨で塗りつぶせ」と、教科書に墨を塗るように生徒に命じなければならなかったのです。よく辛抱したものですが、占領軍ももう少し大人げがあったならば、教科書を元から改めるべきだったでしょう。それならまだしも、昨日まで使っていた教科書に子どもたちの手で墨を塗らせ、しかもそれを先生に命じさせたのです。先生の苦衷は察するに余りあります。拒否しようものなら、首になって職を失うことになるのです。

孔子も「ああは言ったが、ちょっとおかしい。これは改めなければならない」と思うけれど、なかなか改められなかったのでしょう。そこで気がついたのが、今までの帰納的なやり方の学問は役に立たない。新しい学問を目指さなければならないということでした。その新しい学問というのが、いわゆる易学です。過ちをおかす前にそれがおのずからわかってくるというので、易を学び始めるのです。

それを述べているのが述而第七にある次の言葉です。

子曰《のたま》わく、我に數年《すうねん》を加え、五十にして以て易《えき》を學《まな》べば、以て大過《たいか》無かるべし。

先師がいわれた。

「自分に数年を加えて五十になる頃までに易を学べば、大きな過ちはなくなるだろう」

孔子はいろいろなものをよく学びましたが、易というものはマスターしていなかったのでしょう。それで自分が大きな過ちをしてしまったと気づいたときに、この「我に数年を加え、五十にして以て易を学べば、以て大過無かるべし」という言葉を口にしたのだろうと思います。そう考えると、この言葉はよほど親しい人に漏らしたものと考えることもできるでしょう。それを孫弟子の中で師匠から聞いた者があって、『論語』の中に加えたものと考えられます。

孔子は「四十にして惑わず」といいながら、それに数年を加えて五十までに易を学べば大きな間違いはなくなるといっているわけです。この矛盾するような言葉が残されているところに、孔子の悩みの深さが思いやられます。この言葉は本当に悩んだ者にして初めてわかるものでしょう。

しかし、実は『論語』が真実を語っているというのは、こういうところにあるのです。いいことばかりではない。孔子のような人でも間違うと、ちゃんと書いてあるところが、時代を超えて読み継がれている一つの理由であると思います。

実際、こういう過ちは誰にでもあることです。優れた教育者でも「あのときにこういう教え方をしていたら、自分の教え子が過《あやま》つようなことはなかった」と思うことはあるはずです。私も教育にずっと携わってきましたが、「あのときにこうしてやったら、あの子は間違いをおかさずに済んだだろう」と思うことがあります。よくなった子どもより、むしろ悪くなった子どものほうが忘れられません。今でも、「こうしてやったらよかった」と思うことがありますが、すでに手遅れです。ただ、常に反省をしています。

医者でも同じでしょう。間違った診断をして、間違った薬を与えて、病人の病気を治すよりも悪くした医者が相当いるのではないでしょうか。

すでにお話ししましたが、昨年病院に入ったとき、私は心臓外科の権威といわれる医者の注意を聞かずに、予定されていた講義に出ました。結果としては助かって、ペースメーカーを入れる手術をしました。経過は順調で、血圧も脈拍も正常になって退院するところまで来ました。ところが、この医者が退院前日にペースメーカーの不具合に気づいて、「これから手術をやり直す」といって再手術をされたのです。もう退院が決まっているというのに、異常が出たことに気がつかれてすぐに「もういっぺんやります」というのはなかなかいえないことです。

『論語』衛霊公第十五に「過《あやま》ちて改《あらた》めざる、是《これ》を過ちと謂《い》う」という言葉がありますが、仕事の上において過ったときに正しい決断を下すことができる人にして初めて名医に成長していくのだろうと思います。私は再手術を決断した医者を改めて見直しました。この方は本当に偉い医者なのだとわかりました。

そういうことで、孔子も自らの過ちを認め、易を学び始めるわけです。けれども、先ほどもいったように、どうもこれは大っぴらにいった言葉ではなくて、近い人に漏らした言葉のように思われます。孔子という人は元から聖人のようだったと思う人が割合多いのですが、決してそうではない。過ちを知ったら改めていく。そして、できるだけ過たないようにするにはどうすればいいのかを知るために易を学ぶのだといっているわけです。孔子という人は常に自己反省を忘れなかったのです。

しかし、ここを普通の学者は見過ごしてしまっています。素読しても、ただ機械的に読んでいるだけで、孔子の心までわかる学者が少ないのです。だから次の「五十にして天命を知る」ということが、孔子にとってどれだけ重大な意味を持つものであるかがわからないのです。

❖天の心と自分の心が一つになって見えてくる世界

――五十にして天命を知る

四十から五十の間で、孔子は易を一通り学びます。その結果、「五十にして天命を知る」という境地に到ります。孔子の求めたものの第一は、この「天命を知る」ということにあります。天の命、宇宙根源の働きを単に頭だけではなくて、身体全体で受け取る。いわゆる会得する、悟ったということです。

しかし、孔子に「悟る」という体験があったことを見逃している学者が多いのです。そういう学者は、孔子は道徳的な人であって宗教でいうところの悟りにまで到達していないと、一段下げて孔子を批判します。ですが、この「天命を知る」ということは、釈迦やキリストと相通ずるところがあると思います。

孔子が釈迦やキリストと違うのは、宗教家にならずに、教育者として生涯を通したということです。弟子たちと同じような服装をし、食事も共にし、一緒に酒も飲みながら、七十三で亡くなるまで人と共に生きていったのが孔子です。人間の世界で隣の人と変わらない生活をしながら、亡くなるまで教育者としてその効果を及ぼし続けたのです。

「天命を知る」の「知る」というのは単に物事を「知る」という意味ではありません。「暁《あかつき》（朝方）」という字があるのはご承知かと思います。夜になると普通の人は目が利かなくなります。夜行性の動物というのもいますけれど、人間は暗闇の中では目を開けていても何も見えません。目の前にいろいろなものがあったとしても、それがあるということを目で見て確信することができません。

けれども、暁になって陽が射してくるとどうでしょう。今まで見えなかったものが、見えるようになります。そうすると、目の前にあるものを否定するわけにはいきません。それが「暁《さとる》」ということです。これは「悟る」というのと同じです。

目に見えないから何もないというわけではありません。ただ光がないから見えないだけです。現に夜行性の動物には見えているわけです。ですから「暁《さとる》」には「太陽が明るく射す」という意味もあります。

人間の中には、人には見えないものが「見える、わかる」という人がいます。何も見えない人からすると、そういう人は普通ではありません。だから「神がかり」といって畏れたり、軽蔑したりするのです。宗教の教祖なども、そうやって忌避された人は少なくないでしょう。

私は、孔子の「五十にして天命を知る」とは、まさに孔子が普通の人間から聖人へと飛躍を遂げたことを表しているのではないかと思っています。自分の心と天の心が一つになったということをいっていると思うのです。

それを裏付ける言葉が『論語』子罕《しかん》第九の中にあります。

子、四《よつ》を絶つ。意毋《な》く、必《ひつ》毋く、固《こ》毋く、我《が》毋し。

先師は、常に私意、執着、頑固、自我の四つを絶たれた。

これは孔子についていった言葉です。弟子が横から見ていると、孔子には私意、執着、頑固、自我がないというのです。これは端的にいえば「孔子先生は欲がない」といっているのと同じです。人間は欲の塊のようなものだろうと思います。「欲あるがゆえに人間だ」という人もあるぐらいですから、欲をなくすことは言うべくして難しいことです。

しかし孔子は、すべての欲を捨て去ったのです。それが易を学んだ効果といっていいかもしれません。そして、欲がなくなった途端に、天の心と自分の心が一致したのです。そのとき、人から天へと転化したわけです。それが「五十にして天命を知る」という言葉に隠された真意であろうと思います。

しかし、これもなかなか言うべくして難しいことです。そこに到るまでに孔子がずいぶん苦労したということは、今まで話してきたとおりです。

前講で、「朝に道を聞けば、夕べに死すとも可なり」という言葉をあげましたが、ここにある「道」というのは「天の道」です。孔子は「本当の天の道を聞き得たら、もう死んでもいい」といっているわけです。理屈をいう人は「朝にせっかく道を聞いても夕方に死んでしまったらなんにもならないじゃないか」というかもしれませんが、この言葉の真意は死ぬほどの悩みを抱えた経験のある人でないとわからないのです。

たとえば商売をしていて、行き詰まって二進《にっち》も三進《さっち》もいかずに一家心中を考えるところにまで追い詰められて観念すると、目の前がパッと開ける。「もう死んでもいい」という心、これは体験した人でないとわからない世界です。けれども、そこに到ってわかってくる世界というものが確かに存在しているのです。

ここをスーッと通り越しているのが、学者と称する人たちです。知識を少しでもよけいに貯めて、それによって立身出世をしようとしている人には、このときの孔子の境地は決してわかりません。

しかし、実はここが一番大切なところなのです。孔子の求めた本当の学問をやろうとする者は、ここを摑まなければならないと私は思います。

❖「己に克つ」ことによってわかることがある

——己に克ちて禮に復るを仁と爲す

そこで、孔子は再び教育の場に立ちます。しかし、若い学生たちに、この「天命を知る」ということについて説明してもわからないでしょう。「悟り」という言葉はいくら説明しても説明できないものだからです。

それを知らせる唯一の道は「己に克つ」ということです。この言葉は顔淵第十二の冒頭に出てきます。

顔淵《がんえん》、仁を問う。子曰《のたま》わく、己《おのれ》に克《か》ちて禮《れい》に復《かえ》るを仁と爲《な》す。一日《いちじつ》己に克ちて禮に復れば、天下仁に歸《き》す。仁を爲すは己に由《よ》る。而《しこう》して人に由らんや。

顔淵が仁の意義を尋ねた。

先師が答えられた。

「私利私欲に打ち勝って、社会の秩序と調和を保つ礼に立ち戻るのが仁である。たとえ一日でも己に克って礼に帰れば、天下の人もおのずから仁になっていく。その仁を行うのは、自らの意志によるべきで、他人の助けによるべきではない」

「己に克つ」とは、欲とか私といった自己中心的なものに打ち克つことです。それに打ち克った途端、雲が取れて太陽が輝くのと同じように、見えてくるものがあるのです。しかし、これも現実生活の中で苦労した人でないとわからない世界です。学問として「あの人はこういった、この人はこういった、だからこういうふうにした」というように帰納的に物事を考えることしかできない人にはわからないのです。演繹的といいますか、自己を知ることによって他のものがわかってくるということなのです。

孔子は「六十にして耳順う」といっています。六十にもなると、普通であれば頑固になって次第に人の意見など聞かなくなるものです。ところが、天命を知った孔子は、六十になると誰のいうことでも素直に聞けるようになったというのです。しかも、人間の声だけではなく、天の声も素直に聞いて、それにしたがって無理なく生きることができるようになったのです。それを積み重ねているうちに、人間的に見ると実に円満なる人になってくる。果物でいえば、完熟といった状態になっていくのです。

野生の動物というのはなかなか贅沢で、おいしさの絶頂である完熟の果物を取って食べます。鳥などは自由自在に飛んでいって、完熟のものを選んで食べています。ちょっとでも渋かったら食べません。これに対して、人間は完熟の果物を取ってきたら日持ちがしないため、未熟のものを取って保存しておきます。それでも置いておけば完熟したかのごとく色もつきますが、中身は随分違います。

人間でいうと、七十にもなれば完熟したといっていいでしょう。そして若者が完熟した人に直接会って感化を受けようとするのは、あたかも鳥が完熟した果物を食べるがごときです。年を取ったロートルにはなかなかそういう気力が湧いてきませんが、少年や青年には探究心がありますから、出世ということも大事に考えながらも、本当の人物に直接触れようとします。それが初めにお話しした孔子の教えを後生に伝える若き弟子たちでした。

そういうようなわけで、孔子の人生の歩みは十五から三十までは十五年になっていますが、後はすべて十年刻みに区切られています。この孔子の一生を簡単に要約して、十五を志学、三十を而立、四十を不惑、五十を知命、六十を耳順、七十を従心といって、これが人生を歩む上での一つのバロメーターであると解釈することが多いのですが、私は、孔子の教えが今日まで生きて続いてきたのは、この「五十にして天命を知る」という悟りの経験を経たところに秘密があると思っています。これによって孔子は飛躍し、天の働きを知り、この世を貫く法則を知ったのです。これは孔子のみが悟ったことであり、他の弟子たちとも、他の学者とも違うところです。

われわれはなかなか孔子のような生き方はできませんけれど、「天命を知る」ことを最終目標にして生きていくということは非常に重要なのではないかと思います。

そして命を知ったら、今度はその命を達成していくことが大切です。これを「立命」といいます。立命館大学の立命はここから来ています。あるいは「運命」ともいいます。命を知ることによって命を巡らす。「運命だからしょうがない」というように解釈する運命もありますが、運命の本来の意味は「命を巡らす」あるいは「命を立てる」というところにあるのです。

❖孔子が最後に辿り着いた三つの結論
――命を知り、礼を知り、言を知る

今回は『論語』の冒頭の章から話を始めましたので、ここで最後の章についてお話しして講義の締めくくりとしたいと思います。堯曰《ぎょうえつ》第二十の最後にある言葉、これは孔子が求めたものの一つの結論といっていいでしょう。

孔子曰《のたま》わく、命《めい》を知らざれば、以て君子たること無きなり。禮を知らざれば、以て立つこと無きなり。言《げん》を知らざれば、以て人を知ること無きなり。

先師がいわれた。

「天命を知らなければ、君子たるの資格がない。
礼を知らなければ、世に立つことができない。
言葉を知らなければ、人を知ることができない」

まず「命を知らなければ、立派な人物になることはできない」といっていますが、まさにこれを真正面から追求していったのが孔子です。だから、われわれが孔子を学ぶ以上、この「命を知る」というところに究極の目標を置くことが大切です。

それに対して「礼を知らなければ、世に立つことができない」とあります。この「礼」というのは、命を知った君子が守るべきものです。人間としてどういうふうに振る舞えば対人関係が上手くいって、世の中が平安になっていくのか。それを知るには、昔の優れた人物が言い遺した社会規範（礼）を学ぶことに非常な意義がある。そこに真実性がある。だからまたそれを守っているうちに一つの社会規範となるのです。ですから「礼」というのは単なる法律ではなくて社会規範といってもいいでしょう。

私は田舎に生まれましたけれども、昔は葬式でも結婚式でも礼に則って行いました。業者のお世話を受けなくても、その村の人たちが長いしきたりにしたがって自然に執り行っていました。そして、その役割を担ったのは青年でした。村の行事に初めて参加した若者はやがてリーダーになり、また次の世代の若者にリーダーを譲っていきました。そうやって、次から次へと受け継がれ、つながっていったのです。

今は、結婚式には結婚式を専門の仕事にする人がいます。葬式も同様です。普通の人は礼を知らないものですから、なんでも業者の言う通りにやるようになりました。しかし昔は、結婚式も葬式も、村の人間がみんなでやっていたのです。

とくに葬式などは、金をかけなくても、あるいは坊さんがいなくても、村の人たちがみんなで寄り集まって「この家の者はこれをやる。この家の者はこれをやる」とちゃんと決めて、滞りなく行ったものです。それをしきたりとして受け継ぎ、人から人へと譲って、いつの間にやら、みんなできるようになるのです。だから、礼を知らなければ一人前ではありませんでした。葬式も結婚式もちゃんと執り行えるようになって初めて一人前と認められたのです。

中江藤樹先生の藤樹書院では毎年祭りが行われていますが、それを主宰するのは青年です。同じ青年が二年、三年主宰をし、熟練したところで次の代に譲っていきます。それを経験しないものは一人前だと認められないのです。

現代は、礼というものを無視して法というものを重視しています。法というのは、法律です。現代の法治国家には法律というものがあって、もし法律をおかしたならば罰せられます。ところが礼は間違っても罰せられません。その代わりに村八分（仲間はずれ）になりました。法律ではそういうようなことはないでしょう。

とくに都会文明が進歩するにしたがって、そういう古い伝統的な礼、いわゆる社会的規範というものが消えていって、業者がこれを受け持つようになります。しかし、孔子の時代であっても「禮を知らざれば、以て立つこと無きなり」だったのです。まず礼を身につけることが重要だったのです。

もちろん、あの時代に法がなかったわけではありません。孔子は、司寇という大臣になります。これは司法や警察といったものを網羅したような役所の長官です。だから孔子は時の法律を知らなかったわけではありません。けれども、『論語』為政第二の中に「之《これ》を道《みちび》くに徳を以てし、之を齊《ととの》うるに禮を以てす（国を治めるのに道徳を基本とし、統制するのに礼による）」とあるように、法によって罰するだけでは不十分だと考えたのです。そして、もし礼に過った場合には自ら反省をして改めていく。自己反省によって自己を正していくことが大事なのだといっています。

そして最後は「言を知らざれば、以て人を知ること無きなり」です。人間は言葉によって意思疎通をします。だからいろいろな言葉があるわけです。たとえば「悲しい」というのにもいろいろな段階がありますし、「嬉しい」という言葉にも段階があります。その段階をもっとも精妙に表すことのできるのが文学作家という人たちです。あの人たちはよく言を知っています。だから、優れた作家は人の心をもよく動かすことができるのです。

親鸞聖人は学者でありましたが、文字もお経も知らない一文不知の尼入道であっても「南無阿弥陀仏」を心から信じたならば、それは親鸞の信と何も変わらないのです。親鸞は随分学問をした人で、言葉をよく知っていました。だから、その言葉を駆使してその心を表し、多くの人をリードすることができました。けれども、一文不知の尼入道にしても、本当の信を得たいという点では、親鸞となんら変わるところはなかったのです。

道元は、『正法眼蔵《しょうほうげんぞう》』という難しい書物を残しましたが、彼は只管打坐《しかんたざ》、ただ座禅するのみでした。その座禅の徹底によって悟り、天を知りました。その悟りは学問のあるなしを超えたものです。ただ、それをどう表現するかという点において、学問のある人とない人の差が出るだけです。

以上のように、「天命を知り、礼を知り、言を知る」という三つのことは、孔子が十五の年から学び続けて得た結論といっていいでしょう。この三つを知ることができれば、立派な人物として信頼され、社会に堂々と立って活躍し、周りの人々とも良好な人間関係を築いていくことができるというわけです。言ってみれば理想的な生き方をするための要諦がここにあるわけです。

そうはいっても、われわれがそれを会得するのは容易なことではないのですけれど、この孔子の求めたものを一つの目標として求めていくことによって、われわれの人生も彩り豊かなものになっていくことは確かであろうと思います。

また、そうしたことを思いつつ『論語』を手にとっていただくと、皆さんそれぞれに自らの人生を高めるために必要なあり方が見つかるのではないでしょうか。

〈著者略歴〉
伊與田覺（いよた・さとる）
大正5年高知県に生まれる。学生時代から安岡正篤氏に師事。昭和15年青少年の学塾・有源舎発足。21年太平思想研究所を設立。28年大学生の精神道場有源学院を創立。32年関西師友協会設立に参与し理事・事務局長に就任。その教学道場として44年には財団法人成人教学研修所の設立に携わり、常務理事、所長に就任。62年論語普及会を設立し、学監として論語精神の昂揚に尽力する。著書に『「大学」を素読する』『己を修め人を治める道 「大学」を味読する』『「孝経」 人生をひらく心得』『人物を創る人間学』『安岡正篤先生からの手紙』『中庸に学ぶ』『いかにして人物となるか』『人生を導く先哲の言葉』『人はいかにして大成するか』ほか、『「論語」一日一言』の監修（いずれも致知出版社）などがある。

男の風格をつくる論語

平成二十七年二月二十五日第一刷発行

著者 伊與田 覺
発行者 藤尾 秀昭
発行所 致知出版社
〒150-0001東京都渋谷区神宮前四の二十四の九
TEL（〇三）三七九六―二一一一
印刷 ㈱ディグ 製本 難波製本
落丁・乱丁はお取替え致します。 （検印廃止）

ISBN978-4-8009-1070-7 C0095
ホームページ http://www.chichi.co.jp
Eメール books@chichi.co.jp

いつの時代にも、仕事にも人生にも真剣に取り組んでいる人はいる。
そういう人たちの心の糧になる雑誌を創ろう――
『致知』の創刊理念です。

私たちも推薦します

稲盛和夫氏　京セラ名誉会長
我が国に有力な経営誌は数々ありますが、その中でも人の心に焦点をあてた編集方針を貫いておられる『致知』は際だっています。

鍵山秀三郎氏　イエローハット創業者
ひたすら美点凝視と真人発掘という高い志を貫いてきた『致知』に、心から声援を送ります。

中條高徳氏　アサヒビール名誉顧問
『致知』の読者は一種のプライドを持っている。これは創刊以来、創る人も読む人も汗を流して営々と築いてきたものである。

渡部昇一氏　上智大学名誉教授
修養によって自分を磨き、自分を高めることが尊いことだ、また大切なことなのだ、という立場を守り、その考え方を広めようとする『致知』に心からなる敬意を捧げます。

武田双雲氏　書道家
『致知』の好きなところは、まず、オンリーワンなところです。編集方針が一貫していて、本当に日本をよくしようと思っている本気度が伝わってくる。“人間”を感じる雑誌。

致知出版社の人間力メルマガ（無料）　人間力メルマガ　で　検索
あなたをやる気にする言葉や、感動のエピソードが毎日届きます。